KB190219

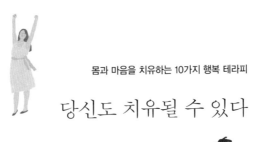

몸과 마음을 치유하는 10가지 행복 테라피

당신도 치유될 수 있다

웃음천사와 함께 행복 만들기 5 ｜ 대체의학 도서

몸과 마음을 치유하는 10가지 행복 테라피

당신도 치유될 수 있다

초판 1쇄 인쇄일 2021년 8월 10일
초판 1쇄 발행일 2021년 8월 20일

지은이 권영세
펴낸이 양옥매
디자인 임흥순 송다희

펴낸곳 도서출판 책과나무
출판등록 제2012-000376
주소 서울특별시 마포구 방울내로 79 이노빌딩 302호
대표전화 02.372.1537 **팩스** 02.372.1538
이메일 booknamu2007@naver.com
홈페이지 www.booknamu.com
ISBN 979-11-6752-017-3 (03230)

* 저작권법에 의해 보호를 받는 저작물이므로 저자와 출판사의 동의 없이
  내용의 일부를 인용하거나 발췌하는 것을 금합니다.
* 파손된 책은 구입처에서 교환해 드립니다.

몸과 마음을 치유하는 10가지 행복 테라피

당신도 치유될 수 있다

웃음천사와 함께 행복 만들기 5 | 대체의학 도서   **권영세** 지음

책과나무

추천사

황건영 박사(Th. M., Ph. D.)

(현) 칼빈대학교 부총장 (전) 신학대학원장 역임

(현) 유엔 경제사회이사회 APPA 유엔 한국대표

(현) 드림교회 담임목사

(현) 국제도산드림스쿨 이사장

인간의 세 가지 기본적인 욕구는 건강, 행복, 성공일 것입니다. 건강 없는 행복이나 성공은 있을 수 없습니다. 그래서 첫째도 건강, 둘째도 건강, 셋째도 건강, 건강이 제일입니다.

하지만 이렇게 중요한 건강인데 이 시대를 진단해 보면 자연도 병들고, 사회도 병들고, 인간도 병들고…. 어느 곳 하나 성한 곳 없이 신음하고 있는 안타까운 현실입니다. 특히 국민 30%가 암 유병인자를 갖고 있음을 생각할 때, 건강 문제는 심각한 일이 아닐 수 없습니다.

이러한 때에 총신대학교신학대학원 동기인 행복천사 권영세 목사님께서 대체의학 분야에서 전인치유를 지향하는 『당신도 치유될 수 있다』를 발간하신다 하니 기쁜 마음으로 초고를 읽어 보고 감동이 큰바 독자들에게 일독을 권하는 바입니다.

제가 아는 권 목사님은 목회하면서 육체적 질병으로 항암 치료를 받으며 생을 포기했던 분이었으나, 하나님의 치유와 전인치유 테라피를 통해 다시 건강을 회복하고, 여러 대학 사회교육원과 서울구치소를 비롯한 교정시설 및 병원, 교회 등 다양한 곳에서 행복 테라피 강의를 통해 몸과 마음과 정신과 환경과 영혼이 지치고 상한 분들을 치유하고 있습니다.

저희 교회에서도 목사님을 초청하여 세미나를 두 번 개최한 적이 있는데, 놀라운 치유의 역사가 일어난 경험이 있습니다.

특별히 지금 같은 건강에 민감한 상황에서는 더더욱 권영세 목사님께서 출판하는 『당신도 치유될 수 있다』가 모든 이에게 기쁨 소식이 될 것입니다.

저는 이 책이 병든 이 사회와 교회와 가정과 개인을 치유하고 회복시키는 길잡이가 될 것을 확신하면서 적극 추천합니다.

대한민국이 왜 질병 공화국이 되었는가?

OECD 36개 국가 중 암 발생률 1위, 암 사망률 1위, 불임률 1위, 의료비 증가율 1위, 자살률 1위. 남의 나라 이야기가 아니다. 바로 우리 대한민국의 슬픈 현실이다.

2020년 통계에 의하면 암 유병자는 200만 명이 넘는다고 한다. 29명당 1명이 암 환자이며, 65세 이상의 경우 9명 중 1명이 암 유병자인데 특히 남성의 경우 7명당 1명이, 여성의 경우 12명당 1명이 암 유병자이다. 매년 7만여 명의 사람이 암으로 인해 목숨을 잃고 있다.

당뇨병 환자도 500만 명을 넘어서고 있다. 여자는 18년간, 남자는 13년간 투병 생활을 하다가 사망한다.

인류 역사가 시작된 이래 인간의 최대 욕망은 건강하게 오래 사는 것이다. 건강하다는 것은 육체적·정신적으로 이상이 없어야 하는 것은 물론이고, 심리적·환경적·영적으로도 건강해야 한다.

사람은 누구나 질병에 걸릴 수도 있고 질병으로부터 벗어날 수도 있다. 저마다 타고난 면역력을 가지고 있기 때문이다. 내 몸 안의 의사, 즉 면역력을 높여 질병 없는 건강한 삶을 영위하려면 어떻게 해야 할 것인가?

내 몸 안의 면역력을 높이기 위한 요소는 다양하다. 햇빛, 공기, 물, 음식, 적절한 휴식, 균형 잡힌 영양, 운동, 자연, 인간관계, 주거 환경, 심리적 안정, 영적 안녕 등을 꼽을 수 있다.

치유의 목표라고 할 수 있는 전인적 건강은 단번에 도달할 수 있는 목표가 아니라 끊임없이 이루어 가야 하는 하나의 과정이다. 이것은 마치 하나의 씨앗이 싹터서 큰 나무로 성장해 가는 것과 비슷하다.

건강하고 온전한 인간이 되어 가는 길은 몸과 마음과 정신과 환경과 영혼이 건강해지는 것이다. 여기에서 온전하게 된다는 것은 완전함을 의미하거나 완성된 상태를 말하는 것이 아니다. 그것은 한 인간이 창조된 당시의 상태를 향하여 되어 가는 과정을 의미한다. 몸과 마음과 정신과 환경과 영적으로 건강한 사람을 전인적으로 건강한 사람이라고 할 수 있다.

그렇다면 어떻게 하면 전인적으로 건강할 수 있을까?

필자는 강의를 하면서 건강·행복·성공을 하나의 키워드로 강조하고 있는데, 질병의 대부분은 마음의 스트레스에서 온다. 질병의 원인이 대부분 마음이라면 치유의 방법도 마음에서 찾아야 하나, 대개의 경우 마음에서 찾지 않고 의약에서 찾으려 한다.

필자는 육체적 질병으로 모든 것을 포기했던 사람으로서 약물의 부작용을 너무나 잘 알고 있다. 그래서 마음과 삶에서 치유 방법을 찾으며 연구하고 실천하면서 몸도 마음도 정신도 환경도 영혼까지 건강해짐을 체험하였다. 필자는 전인치유 테라피를 강의하며 내 삶에 실천하여 건강과 행복을 누리고 있다. 그래서 필자가 실천하는 전인치유 테라피를 이 지면을 통해 소개하며 나누고자 한다.

이 책은 아주 쉽고 간단하며 부담 없이 편안하게 읽고 실천할 수 있도록 집필하였다.

몸과 마음과 정신과 환경이 아픈 분들이 계시다면 그리고 행복한 삶을 살기를 원하고 천국의 기쁨을 누리고 싶다면, 이 책을 통하여 필자와 같은 치유와 회복을 체험하기를 바란다. 이 책이 행복한 삶으로 이끌어 주는 길잡이가 되어 줄 것이다.

또한 필자는 독자들에게 기존의 현대의학이나 본인에게 맞는 치료와 함께 필자가 제시하는 테라피를 병행해서 적용해 볼 것을 강력하게 권하고 싶다. 특히 힘들게 암 투병을 하는 환우들이나 그 가족들에게 새 희망의 메시지가 될 것이다.

끝으로, 이 책이 출간되기까지 필자를 위해 38년을 변함없이 사랑하고 기도하며 간호해 주는 사랑하는 아내에게 마음 깊이 감사하며, 든든한 나의 후원자이자 우리 가정의 보배인 큰딸 나흔이와 작은 딸 나연이에게 고마운 마음을 전한다.

당신도 치유될 수 있다

이 책이 출간되도록 격려와 응원을 아낌없이 보내 주시며 추천사를 써 주신 황건영 박사님과 백석총회 경인서 노회장 송병권 목사님과 신금순 목사님, 윤문호 목사님 그리고 김종분 사모님께 진심으로 감사드린다.

아울러 다섯 번째 책을 함께 작업하며 출판해 주신 도서출판 책과나무 양옥매 대표님과 임직원분들께 진심으로 감사드리며 집필할 수 있는 지혜를 주신 하나님께 영광을 돌린다.

이제 필자와 함께 이 책 속으로 치유의 현장을 찾아 건강 여행을 떠나 보자. 종착역에 도착했을 때는 나도 치유될 수 있다는 확신과 어쩌면 전인적으로 치유되고 있고 아울러 치유되었음을 경험하고 놀라게 될 것이다.

치유의 현장에서
권영세 박사(Ph.D.)

차 례

1장. 건강 테라피

2장. 웃음 테라피

3장. 감사 테라피

4장. 러브 테라피

5장. 나눔 테라피

6장. 긍정 테라피

7장. 희망 테라피

8장. 칭찬 테라피

9장. 용서 테라피

10장. 포옹 테라피

1장

건강
테라피

재물을 잃는 것은 인생의 일부를 잃는 것이요,

명예를 잃는 것은 인생의 절반을 잃는 것이요,

건강을 잃는 것은 인생의 모두를 잃는 것이다.

그래서 첫째도 건강, 둘째도 건강, 셋째도 건강,

계속 건강이 우선이다.

01 / 건강 테라피란

삶을 영위하는 데 있어 가장 중요한 것은 건강이다. 건강의 중요성은 강조하고 또 강조해도 지나치지 않는다. 그렇다면 건강이란 무엇인가?

세계보건기구 WHO는 1946년에 제정되어 1948년 공표된 창설헌장에서 "건강이란 단지 질병이 없거나 허약하지 않은 상태를 뜻하는 것이 아니라, 신체적 · 정신적 · 사회적 · 환경적 · 영적으로 완전히 안녕한 상태에 놓여 있는 것을 의미한다."라고 명시했다. 우리나라의 헌법에는 "건강은 모든 국민이 마땅히 누려야 할 기본 권리이다."라고 규정되어 있다.

신체적 건강이란 질병과 상처가 없고 체력, 저항력, 복원력을 포함한 자기치유력이 정상인 상태를 말한다. 신체가 자기가 맡은 기능을 잘 수행하는 것이다.

정신적 건강이란 큰 고민거리나 걱정거리가 없어 마음이 바르고 평안한 상태를 말한다. 즉, 정신건강은 감정 조절력과 스트레스에 대한 저항력이 높고 늘 삶에 만족을 느껴 기분이 안정되고 즐거움과 감사의 여유가 있으며 탐욕이 없고 긍정적인 마음을 지니고 있는 상태를 의미한다. 정신적인 건강 역시도 자기의 기능을 잘 수행하는 것이다.

그리고 사회적 건강이란 국가나 사회가 복지와 생활안정망이 잘 갖추어져 있고, 사회생활의 안정적 조건이 구비되어 있어 행복도가 높고 지리적 · 이념적 · 정치적 · 경제적 갈등 및 종교 간, 계층 간 갈등이 없고 사고나 범죄조차 없는 상태일 것이다.

　한편 최근 전문성을 가진 관계자들은 좀 더 신일보한 개념으로 경제적 · 지적 · 영적의 세 가지를 포함하여 여섯 가지가 조화를 이루어야 완전한 건강이라고 주장한다.
　영적 건강이란 인간이 하나님의 형상대로 지음받았기 때문에 영적 존재(창 2:7, 살전 5:23)라는 성경의 가르침에서 비롯된 것이다. 궁극적으로 신체적 · 정신적 · 사회적으로 건강 상태를 유지하기 위해 인간은 영적 존재인 만큼 하나님의 형상을 온전히 회복하는 길 외에는 다른 방법이 없다. 결과적으로 영적 건강 없이 신체적 · 정신적 · 환경적 건강을 추구할 수 없으며 영적 건강이 그 무엇보다도 우선이다.

　필자는 건강을 몸, 마음, 정신. 환경, 영적으로 구분한다. 이 다섯 가지가 건강할 때, 전인적으로 건강하다고 말하며 전인적인 건강을 추구하여 건강 테라피라고 할 수 있을 것이다. 그렇다면 어떻게 해야 전인적으로 건강할 수 있을까?

02) 치료와 치유의 차이

　테라피(therapy)란 무엇인가? 테라피란 치료 또는 요법이란 뜻인데,

약이나 수술에 의하지 아니하고 육체적·심리적·정신적 또는 환경적 질환을 치유하는 것을 말한다.

　우리는 일상생활에서 치료와 치유를 크게 구분하지 않고 혼용하기 쉽다. 우리 국어사전에서도 두 단어 모두 '낫게 하다, 고치다' 정도로 구분 없이 해설해 놓았다. 그래서 많은 사람들이 치료와 치유를 같은 것으로 생각하고 있다. 그러나 이 두 단어는 의학적으로도, 철학적으로도 의미의 차이가 있다 .
　치료와 치유는 그 행위가 전혀 다르다. 치료는 '다스릴 치(治)', '병 고칠 료(療)'로서 누군가에 의해서 병이나 상처를 치료하는 것을 의미하고, 치유는 '다스릴 치(治)', '병 나을 유(癒)'로서 힐링(healing)이라고도 하며, 스스로 병을 낫게 한다는 뜻이다.

　이렇게 볼 때, 치료는 병을 고치거나 상처를 아물게 하기 위한 단순히 외과적 조치를 취하는 것을 말하고, 치유는 병의 근본 원인을 제거해 그 병이 없던 상태로 되돌리는 것을 말한다.
　치료는 병을 고치는 것이요, 치유는 병이 낫는 것을 의미하기 때문이다. 다시 말하면 치료는 증상을 다스리는 것이요, 치유는 모든 질병의 원인을 근본적으로 회복시키는 것이다.
　치료를 통해 증상을 다스린다 해도 그 뿌리가 있는 한 언젠가 다시 드러나게 마련이다. 아무리 고치고 또 고쳐도 증상만 사라질 뿐, 그 원인은 제거되지 않았기 때문이다.
　그러나 치유는 다르다. 치유는 발병의 원인을 다스려 다시는 그 증상이 나타나지 않게 하기 때문이다. 그러기에 치유는 전인적 치료라고 할 수 있다.

　기존의 모든 의학은 치유가 아닌 치료학이었다. 현대의학이라고 부르는 병원, 의원, 약국, 심지어는 한방까지도 증상을 좇아 병을 치료하고 있기 때문이다. 증상이 사라져도 그 병의 뿌리는 남는다. 질병은 뿌리를 뽑아야 비로소 완치된다.

　우리 몸에 상처가 나면 치료한다고 하지, 치유한다고 하지는 않는다. 그러나 중병이나 마음의 병이 생겼을 때는 치료보다는 치유한다는 말이 더 잘 어울린다. 그런 의미에서 필자가 제시하는 테라피는 치유에 속하고 전인치유라고 할 수 있다.

03 　　　　가장 위대한 의사

　몸을 보하게 하는 데는 음식을 먹어서 몸을 보하는 식보와 약으로 몸을 보하는 약보와 걷기를 하여 몸을 보하는 행보가 있다.

　즉 약으로 몸을 돌보는 보약이 있고, 음식으로 돕는 보약이 있으며, 운동을 통해 몸을 돕는 보약이 있다. 그중 으뜸은 운동이라는 옛 가르침이 있다. 그래서 두 다리가 주치의라는 말이 있고, 누우면 죽고 걸으면 산다는 말이 있다.

병이 난 후에 약으로 고치려 하지 말고 병이 나기 전에 운동으로 병을 예방하는 것이 더 좋다. 땅과 가까워질수록 죽음에 가까워진다. 걷다가 서 있다가 앉아 있다가 누웠다가 결국에는 땅속으로 들어간다.

건강이란, 육체적 · 심리적 · 정신적 · 환경적 · 영적으로 좋은 상태여야 한다.

단지 질병이나 장애가 없는 것을 말하지 않는다. 전인적으로 건강해야 건강하다고 말할 수 있다. 몸도 마음도 정신도 환경도 영혼도 건강한 전인적인 건강을 말한다. 이러한 건강한 상태를 유지하기 위해서 아픔을 치료하는 의사들이 있다.

첫 번째, 약의(藥醫)이다. 약의는 약으로 질병을 치료한다.

두 번째, 식의(食醫)이다. 식의는 음식으로 질병을 다스린다. 음식으로 고칠 수 없는 병은 약으로도 고칠 수 없다고 했으니 약의보다 식의가 더 높고 훌륭하다.

세 번째, 심의(心醫)이다. 심의는 마음을 다스려 질병을 치료한다. 약과 음식을 사용하지 않고 병을 고치기에 약의와 식의보다 더 높고 훌륭하다.

네 번째, 영의(靈醫)이다. 영의는 예수 그리스도의 이름과 복음으로 전인적으로 치료하고 영혼의 질병을 치료하고 구원한다.

약의는 마음도 음식도 바꾸지 않고 오직 약으로만 병을 치료하는 의사다. 가장 수준이 낮은 의사이며, 진정한 의원이라고 하기 어렵다.

그러나 요즘의 모든 의사는 약의이지, 식의와 심의는 찾아보기 어렵다. 심의나 식의는 말로 병을 고치거나 음식을 바르게 먹도록 가르쳐서 병을 고쳐 주어 돈벌이가 되지 않기 때문이다. 죽을병을 고쳐 주어도 고맙다는 인사를 못 듣기 일쑤이니, 아무도 심의나 식의가 되려 하지 않는다.

가장 훌륭한 의사는 영의이다. 영혼을 치료하여 몸도 마음도 정신도 환경도 영혼까지도 건강하게 하기 때문이다.

사람에게 가장 중요한 것은 물질도 아니고, 명예도 아니며 권력도 아니라 바로 건강이다.

고대 그리스 의사들의 아버지 히포크라테스는 "재물을 잃으면 적게 잃은 것이요, 명예를 잃으면 많이 잃은 것이요, 건강을 잃으면 전부를 잃어버린 것이다."라고 했다. 필자는 하나를 더 추가하여 "예수 그리스도를 잃어버리면 영원을 잃어버리는 것이다."라고 말한다.

건강은 행복의 필수 재료이다. 건강할 때는 건강의 소중함을 모르고, 행복할 때는 그것이 행복인 줄도 모른다. 건강을 잃었을 때 그 소중함을 알게 되므로 건강할 때 건강을 잘 관리해야 한다. 건강은 저절로 주어지지 않는다. 병은 걸리기 전에 예방하는 것이 최고이다.

당신도 치유될 수 있다

어느 명의의 유언

한 나라의 흥망은 국민의 튼튼한 건강 여하에 달려 있다. 국민이 건강하면 나라가 건강하고 가족이 건강하면 가정이 건강하다. 그리고 몸이 건강해야 마음도 건강할 수 있다.

우리는 몸이 아프면 병원을 찾고 의사에게 진료를 받는다. 그러나 "의사를 부르기 전에 휴식, 즐거움, 절제, 이 셋을 먼저 의사로 삼으라."는 말이 있다. 그뿐만 아니라 병원을 찾기 전에 또 먼저 찾아야 할 의사가 있다. "사람의 몸 안에는 100명의 의사가 있다."고 했다. 몸 안에 있는 의사를 먼저 찾아야 한다.

어느 마을에 예수를 잘 믿는 유명한 의사가 살고 있었다. 마을 사람들은 몸이 아프면 모두 그를 찾아가 치료를 받았다. 그는 환자의 얼굴과 걸음걸이만 봐도 어디가 아픈지 알아내 처방을 하는 명의였다.

그런 그가 나이가 들어 세상을 떠나게 되었다. 마을 사람들과 교회 목사는 임종을 앞둔 의사를 찾아가 그의 임종을 지켜보았다. 죽음을 앞둔 명의는 사람들에게 말했다.

"나보다 훨씬 훌륭한 세 명의 의사를 소개하겠습니다. 그 의사의 이름은 음식과 수면과 운동입니다. 음식은 위의 75%만 채우고 절대로 과식하지 마십시오. 밤 12시 이전에 잠들고 해가 뜨면 일어나십시오. 그리고 열심히 걷다 보면 웬만한 병은 나을 수 있습니다."

의사가 힘들었는지 잠시 말을 멈추었다. 그리고 다시 말을 이어 갔다.

"그런데 음식과 수면과 운동은 다음 두 가지 약을 함께 복용할 때 효과가 있습니다."

사람들은 조금 전보다 의사의 말에 더 귀를 기울였다.

"육체와 더불어 영혼의 건강을 위해 꼭 필요한 것은 웃음과 사랑입니다. 육체만 건강한 것은 반쪽짜리 건강입니다. 영혼과 육체가 고루 건강한 사람이 되십시오. 웃음은 평생 꾸준히 복용해야 합니다. 웃음의 약은 부작용이 없는 만병통치약입니다. 안 좋은 일이 있을 때는 많이 복용해도 됩니다. 사랑의 약은 비상 상비약입니다. 이 약은 수시로 복용하십시오. 가장 중요한 약입니다."

명의는 자신이 살면서 깨달은 가장 중요한 것을 알려 준 후, 평안한 모습으로 조용히 눈을 감았다.

그렇다. 가장 좋은 약은 음식과 수면과 운동이다. 이 세 가지가 좋은 약이 되기 위해서는 웃음과 사랑을 함께 복용해야 한다. 우리는 돈도 안 드는 이 약을 얼마나 섭취하고 있을까? 웃음과 사랑은 상비약이니 수시로 복용해야 한다. 그러면 몸도 마음도 건강해질 것이다.

여기서 필자는 하나를 더 추가하여 영혼의 건강을 위해 영혼의 양식인 말씀과 영혼의 호흡인 기도를 병행하고, 영혼의 운동인 봉사와 사랑의 교제를 추가하고 싶다. 그래야 영적으로 건강하고 전인적으로 건강해질 수 있기 때문이다.

　　　　제일 유명한 의사

　수천 명의 훌륭한 의학도들이 질병에 대해서는 연구하지만, 건강에 대해 연구하는 사람은 거의 없다. 질병에 대한 연구는 계속되지만 원인 모를 질병은 늘어만 간다.

　옛날 중국의 춘추 전국시대에 편작이라는 아주 유명한 의사가 있었는데, 그가 얼마나 유명한지 죽은 사람도 살렸다고 한다. 흔히 인도의 기파라는 사람과 함께 명의의 대명사가 되는 인물이기도 하다.
　편작에게는 두 분의 형님이 있었는데, 그들도 모두 유명한 의사였다. 그런데 그중 유난히 셋째인 편작이 더 유명하게 소문이 났다. 그에게는 못 고칠 질병이 없었다.
　그에 관한 소문이 전국으로 퍼지자, 드디어 왕이 편작을 보고 싶어 했다. 왕은 신하를 시켜서 편작을 불렀다. 왕이 물었다.

　"자네가 편작인가?"
　"예, 임금님, 그렇습니다."
　"자네가 죽은 자도 살린다는 그 유명한 의사인가? 이리 가까이 오게! 그래, 자네 형제들도 다 의사라면서?"
　"예, 그렇습니다. 큰형님도 작은형님도 다 의사인데 사실은 그분들이 아주 훌륭한 분들입니다."
　편작의 말에 왕이 깜짝 놀라며 손을 꽉 잡더니,

"아니, 내가 듣기에는 자네가 제일 훌륭하다던데 어떻게 된 것인가? 그러면 자네 형제들 중에서 자네가 보기에는 어느 형제가 제일 유명한 의사인가?"

왕의 이 물음에 편작이 대답하기를,

"임금님, 정말 알고 싶으신가요?"

"그럼, 알고 싶지."

"사람들은 아무리 이야기를 해 줘도 믿지 않는데, 임금님만은 믿으실 것입니다."

그러면서 편작은 왕 앞에서 정성스럽게 진실한 이야기를 시작했다.

"임금님, 우리 큰형님은 이런 분입니다."

"그래, 이야기해 보게."

"큰형님은 정말 대단한 분입니다. 사람이 이렇게 들어오면 얼굴만 턱 보고도 앞으로 무슨 병이 날지를 다 알아서 고통과 고난을 당하기 전에 미리 다 고쳐 줍니다. 이렇게 아프기 전에 미리 고쳐 버리기 때문에 고침을 받은 사람들이 우리 형님의 고마움을 모릅니다. 이것이 우리 큰형님이 유명해지지 않은 이유입니다."

"그랬구먼!"

"그런데 우리 둘째 형님은 병이 미미할 때 알아봅니다. 벌써 '아! 이것이 탈이 날 것 같구나!' 미리 알아서 고쳐 줍니다. 그래서 조금 아플 때 고치기 때문에 우리 큰형님보다는 조금 고마워하지만, 둘째 형님에게도 별로 고마워하지 않습니다. 아프기도 전에, 수술하기 전에 이미

당신도 치유될 수 있다

다 고쳤기 때문에 감사함도 모르는 겁니다."

"그렇다면 자네는 어떤가?"

"저는 사실은 그 경지에는 못 갑니다. 사람들이 병들어 누워 있고 이미 거동을 못할 때 그때 찾아내고서 수술도 해 주고, 아주 독한 약을 써서 고쳐 놓습니다. 그랬더니 미련한 사람들이 아프고 고통을 당하고 쓰러지고 다 망가진 후에서야 고친 사람인 내가 최고인 줄 아는데, 정말 의사라면 그분들이 고통을 당하기 전에, 쓰러지기 전에, 넘어지기 전에 미리 고쳐야 진짜 명의가 아니겠습니까?"

왕이 대답하기를,

"정말 옳은 말이다."

약으로 고칠 수 없는 병은 수술로 고치고, 수술로 치료할 수 없는 병은 열로 다스리고, 열로도 고칠 수 없는 병은 불치병이다.

인간은 몸의 약이 듣지 않음을 알게 되면 마침내 마음의 약을 찾기 시작한다. 질병은 몸의 고장이 아니라 마음의 아픔이요 고장이기 때문이다. 그러므로 필자가 제시하는 치유법인 테라피야말로 현대인들에게 가장 훌륭한 치유 방법이며 성경적인 치유라고 하겠다.

우리 인간에게 건강이라는 단어는 매우 중요하다. 지금까지 살면서 누려 온 행복과 풍요로움이 '건강'이라는 단어 하나에 무너져 버릴 수 있기 때문이다.

건강은 모든 소유물 중에서 가장 귀한 것이며 건강은 제일의 부(富)요, 재산이다. 건강보다 더 나은 재산은 없으며 제일 으뜸가는 부(富)는 건강이다. 천한 구두닦이가 병든 재벌의 오너보다 낫고, 건강한 거지가 병든 임금보다 나은 이유이다.

명예, 지위, 돈 어느 것 하나 빠지지 않고 대단한 성공을 거둔 대기업의 CEO가 대학생들을 상대로 강의를 하고 있었다. 대학생과 기자들은 그의 강의를 듣기 위해 몰려들었다. 그는 등장하자마자 칠판에 무엇인가를 적었다.

"1,000억."

그리고 그는 강의를 시작했다.

"전 아마 재산이 천억이 훨씬 넘을 것입니다. 여러분, 이런 제가 부럽습니까?"

그러자 여기저기서 대답이 들려왔다.

"네!"

"지금부터 이런 성공을 거두려면 어떻게 해야 하는지에 대한 강의를 시작하겠습니다. 1,000억 중에 첫 번째 0은 바로 명예입니다. 그리고 두 번째 0은 지위입니다. 세 번째 0은 돈입니다. 이것들은 인생에서 필요한 것들입니다."

사람들은 고개를 끄덕였다.

"그럼 앞에 있는 1에 대해서 설명하겠습니다. 1은 건강과 가족입니다. 여러분 만일 1을 지우면 1,000억이 어떻게 되나요? 바로 0원이 되어 버립니다. 인생에서 명예, 지위, 돈도 중요하지만 아무리 그것을 많이 가지고 있다고 하더라도 건강과 가족이 없다면 바로 실패한 인생이 되어 버리는 것입니다.

사람들은 부와 명예와 지위를 부러워합니다. 하지만 그보다 제일 중요한 것은 바로 건강과 가족입니다. 오복 중에 제일 큰 복은 건강입니다. 단지 우리는 스스로 행복 속에 살아가면서도 그것을 느끼지 못하는 것뿐입니다.

육이 건강해야 영이 건강할 수 있듯이 항상 건강하면 얼마나 좋을까요? 건강은 하루아침에 만들어지지도 않고 하루아침에 무너지지도 않습니다. 항상 건강해야 천억을 벌 수 있으니 무엇보다 건강을 지키십시오."

사람들은 그제야 진정한 성공의 의미를 알겠다는 듯 고개를 끄덕였다.

명예와 지위, 돈이 인생에 있어서 물론 중요하지만, 그것이 우리 인생의 전부가 될 수는 없기에 건강의 중요성은 몇 번을 강조해도 지나치지 않는다.

진정한 성공의 의미를 기억하라. 건강이 제일이다. 질병은 천 가지가 있으나 건강은 오직 한 가지뿐이다. 재물이 아무리 귀하다고 해도 우리의 건강보다 귀할 수 없고 생명보다 소중할 수는 없다.

건강한 사람은 건강의 중요성을 모른다. 병자만이 건강의 소중함을 알고 있다.

07 3년을 선택한 목사

필자는 어릴 때부터 지금까지 늘 건강 문제 때문에 고민하며 살아왔다. 간경변으로 간이 굳어 있고, 쓸개도 적출하고 없으니 늘 위장병에 시달렸으며, 췌장에도 스텐트를 삽입하고 있어 피로도 빨리 찾아왔다.

몸이 좋지 않아 피로를 풀어 주지 못하니 매사에 피곤하고 의욕이 없었다. 종합병원이 따로 없다. 그야말로 언제 죽을지 모르는 시한부 인생을 살고 있었던 것이다.

이렇게 사느니 차라리 사는 동안 봉사하며 살자고 결심하였다. 그때부터 봉사하기 시작하였고, 봉사는 나의 일상이 되었다. 그러자 몸의 질병들은 치료되고 점차 회복되었으며 삶은 즐겁고 행복해졌다.

이후 나는 고려대학교, 경희대학교, 성신여자대학교 사회교육원 교

수가 되었고, 국방부 및 법무부 교정위원이 되었으며, 웃음행복대학
대표, 교정교육선교회 목사와 요양병원 원목으로 다양한 곳의 수많은
사람들에게 건강, 행복, 천국복음을 전하는 목사로 사역하고 있다.

　어느 목사님이 몸이 좋지 않아 병원에 가서 의사의 진찰을 받았다.
정밀한 진찰을 한 후, 의사는 그가 불치의 병을 앓고 있다는 놀라운 사
실을 발견하고는 목사에게 다음과 같은 충고를 하였다.
　"목사님의 목숨을 단축시키는 압박을 피하기 위해서는 목회를 그만
두고 편한 생활을 해야겠습니다. 얼마를 더 살 수 있느냐는 얼마만큼
안정을 취하느냐에 달려 있습니다."
　의사와 목사님의 대화가 이어졌다.

　목사 : 만일 내가 당신의 충고대로 한다면 얼마를 더 오래 살 수 있
겠습니까?
　의사 : 약 6년입니다.
　목사 : 만일 계속해서 일을 한다면 얼마나 살 수 있습니까?
　의사 : 길어야 3년입니다.

　그러자 목사는 잠깐 동안 생각한 후에 확신을 가지고 말하기를,
　"선생님, 나는 6년 동안 앓으면서 사는 것보다 선한 일을 하면서 사
는 3년을 택하겠습니다."
　라고 말하고 병원을 나와 열심히 일하면서 12년을 더 살았다.

필자는 담당의사가 28년 전에 간경변, 간암 때문에 앞으로 10년을 살기 어려울 것이라고 했지만, 현재 28년을 건강하게 살고 있다. 그 이유는 내가 제시하는 테라피를 삶에 적용하며 다른 사람을 위해 행한 봉사가 나 스스로를 건강하게 만들었고 행복하게 해 주었기 때문이다. 만약 봉사하지 않고 돈 벌 욕심으로 나 자신만을 위해 살았다면, 나는 이미 죽어 있지 않을까.

기적은 하늘을 날거나 물 위를 걷는 것이 아니라 땅에서 건강하게 걸어 다니는 것이다. 그런 면에서 나는 매일매일 기적을 만드는 주인공으로 살아가고 있다.

08 / 내 몸의 가치

성경에서는 한 영혼이 천하보다 귀하다고 했다. 그만큼 가치 있는 귀한 존재라는 것이다. 그 무엇과도 바꿀 수 없는 것이 우리의 몸이요 생명이다.

내 몸의 가치는 얼마나 될까?

생명 없는 인간의 육체는 약 65%가 수분이다. 인체를 구성하고 있는 물질을 화학적으로 분석해 보면 우리 인체가 흙과 같은 물질로 이루어져 있음을 알 수 있다.

당신도 치유될 수 있다

약 60㎏의 체중을 가진 사람을 기준으로 했을 때 인체를 이루고 있는 물질들은 비누 7개에 해당하는 지방, 조그만 공간을 칠할 만한 양의 석회, 13㎏의 코크스와 맞먹는 탄소, 성냥 2,200개비를 만들 수 있는 인, 2.5㎝짜리 못에 해당하는 철, 한 숟가락 정도의 유황, 30g 정도의 비철금속이 포함되어 있는데, 이를 광물질로 따지면 불과 5달러 정도의 가치가 있다. 물질적으로만 따진다면 영혼이 없는 우리의 몸은 한우쇠고기 1근 값도 안 되는 셈이다.

그러면 생명이 붙어 있는 우리 몸의 가치는 얼마나 될까?

뇌사자의 각막 하나를 구입하여 끼우려면 1억, 눈 두 개를 갈아 끼우려면 2억이 들고, 신장 1개를 이식하는 데는 3천만 원, 두 개니까 6천만 원, 심장을 바꾸는 데는 5억 원, 간 이식하는 데는 7천만 원, 이빨 하나 갈아 끼우는 데 인플란트 일백만 원이라면 32개니까 3천2백만 원, 팔다리가 없어 의수와 의족을 끼워 넣으려면 더 많은 돈이 든다.

지금 두 눈을 뜨고 두 다리로 건강하게 걸어 다니는 사람들은 몸에 약 51억 원이 넘는 재산을 지니고 다니는 것이다.

그리고 갑작스런 사고로 사설 구급차에 실려 갈 때 산소 호흡기를 쓰면 한 시간에 36만 원을 지불해야 하며, 눈·코·입을 가지고 두 다리로 걸어 다니면서 하루 24시간 공기를 공짜로 마시고 있다면 하루에 860만 원을 버는 셈이다.

우리들은 51억짜리 몸에 하루에 860만 원씩 공짜로 받을 수 있으니, 이 얼마나 감사할 일인가?

그래도 우리네 인생은 감사할 줄 모른다. 살아 있음에 감사하라. 먹을 수 있음에 감사하라. 볼 수 있음에 감사하라. 걸을 수 있음에 감사하라. 감사가 건강의 비결이요 행복의 비결이다.

09) 건강의 중요성

인간이 건강하기 위해서는 필수적인 세 가지 영양소가 있는데 첫 번째는 음식물에서 얻는 영양소이고, 두 번째는 가족과 이웃들과의 만남에서 얻는 사랑의 영양소이며, 세 번째는 창조주 하나님과의 만남에서 오는 신비의 영양소이다. 이 세 가지 영양소가 조화를 이룰 때 전인적으로 건강해진다.

옛날에는 머슴을 쓸 때 밥을 많이 먹는지 적게 먹는지를 봤다고 한다. 많이 먹으면 그만큼 건강하다는 얘기이고, 건강해야 모든 일을 잘할 것이라는 생각에서였을 것이다. 건강하지 못한 머슴은 자신의 업무를 잘 수행하지도 못한다.

어느 집에 곧 박사 학위까지 받아 올 아들이 있었다. 명석한 머리와 준수한 외모를 골고루 갖춘 그는 미래가 촉망되는 젊은이였는데, 그만 병에 걸려 병원에서 치료를 받게 되었다. 병원에서 몇 달이 지난 뒤, 그 아들은 자신의 어머니에게

당신도 치유될 수 있다

"어머니, 저의 소원은 돈 많이 버는 것도, 출세하는 것도, 잘생겨지는 것도 아니에요. 공사판에서 짐 나르는 일꾼들같이 건강하기만 하다면 원도 한도 없겠습니다."

라고 탄식했다.

건강을 잃은 사람에게 건강보다 더 귀한 것이 어디 있겠는가? 건강을 잃고 박사 학위를 취득하면 무슨 소용이 있겠는가? 재물을 모으려고 건강을 잃은들 무엇이 유익하겠는가?

지금 자신이 건강한 것에 감사하자. 재산을 지키기보다 건강을 지켜야 현명한 사람이다.

10) 뉴 스타트 건강법

사람이 살아가는 데 가장 기본적인 요소로 생명 유지의 근원인 햇빛과 물, 공기가 있다. 그리고 삶을 유지하는 데 꼭 필요한 영양, 운동, 휴식이 포함되어 있다. 또 절제와 문화생활, 신앙 등으로 여유 있는 생활이 필요하다.

뉴 스타트 건강법은 엘렌 G. 화이트(Ellen G. White, 1927~1915)가 주창한 건강법으로, 여덟 가지 사항을 유념하여 건강한 생활을 하자는 것이다. Nutrition(영양), Exercise(운동), Water(물), Sunshine(햇빛),

Temperance(절제), Air(공기), Rest(휴식), Trust in God(신앙)의 영어 첫 글자를 따서 'NEW START' 건강법이라고 한다.

1. Nutrition(영양) – 올바른 식사

그릇된 식사 방법도 질병 발생의 크나큰 원인이 된다. 건강에 필수적인 영양식을 다섯 가지 이내로 단순하게 먹는 것이 좋다. 잔치 음식, 뷔페 식사는 건강의 적이다. 식사 시간은 30~40분 이상 여유 있게 잡고, 반 수저씩 입에 떠 넣어 천천히 씹고, 여러 번 잘게 씹어서 넘긴다. 지나치게 뜨겁거나 얼음 넣은 음식은 아주 해롭다. 과식·폭식·간식은 만병의 근원이요, 자기 이빨로 자기 무덤을 파는 격이다. 필요한 양의 음식을 잘 씹어 먹으면 과식하지 않게 된다.

2. Exercise(운동) – 적당한 운동

어떤 질병도 운동하지 않고 낫는 경우는 없다. 움직이기 어려운 관절염이나 골절상인 경우에도 운동을 하지 않으면 치료가 어렵다. 그래서 재활운동을 하는 것이다. 걷고 뛰고 온몸을 움직이는 체조를 날마다 하는 것이 좋다. 적어도 하루에 3㎞ 정도는 걷자.

3. Water(물) – 깨끗한 물

깨끗한 물을 매 식전 30분과 식후 한 시간 후 한두 컵씩 모두 8컵 정도 마신다. 소변이 무색이 되는 것이 좋다.

4. Sunshine(햇빛) – 맑은 햇빛

하루 30~40분 정도는 햇볕 아래서 걷는 것이 좋다.

5. Temperance(절제) – 절제된 생활

인체에 해만 끼치는 술, 담배, 커피, 탄산음료 등은 금하고 먹고 마시는 일에 절도를 지켜야 한다.

6. Air(공기) – 깨끗한 공기

공기가 깨끗한 곳에서 생활하는 것을 원칙으로 한다. 병들었을 때는 인가가 드물고 숲이 우거진 곳으로 휴양을 가거나 주거지를 옮겨야 한다. 공기는 깨끗하면서 차가워야 한다. 깨끗하면서 차고 농축된 산소가 밤낮으로 충분히 공급되어야 질병 회복이 빠르다.

7. Rest(휴식) – 적당한 휴식

수면 시간은 밤 10시를 넘기지 않도록 한다. 잠자는 동안에 병든 세포와 조직이 회복되며 밤 12시 이전에 자는 2시간의 잠은 그 이후에 자는 4시간의 잠보다 가치 있고 유익하다.

8. Trust in God(신앙) – 신앙 또는 신뢰

인체를 만드신 분은 창조주 하나님이기 때문에 인체가 병든 원리는 창조주밖에 모른다. 하나님의 창조 섭리를 깨닫고 창조 섭리로 돌아가는 것이 질병 회복의 원리 원칙이요, 지름길이다. 이 세상에 최고의 의사는 창조주 하나님이시요, 최상의 치료법은 창조 섭리로 돌아가는 것이다. 창조 섭리를 무시한 인간 조작 치료법은 경제적·시간적으로 손해요, 낭비이며 체력 유지에도 크게 무리를 준다.

뉴 스타트 건강법도 건강에 매우 유익한 방법이지만, 필자가 제시하는 웃음, 감사, 사랑, 나눔, 긍정, 칭찬, 희망, 용서, 포용 테라피, 그리고 창조주 하나님을 심령에 모시고 천국 되어 사는 삶이야말로 근본적으로 건강한 삶, 전인적 치유와 회복의 삶이라 하겠다.

2장

웃음
테라피

일어나자마자 웃는 웃음은 보약 열 첩보다 더 건강에 좋다.

그래서 나는 웃음천사가 되어 웃고 또 웃고

날마다 웃으며 살아가고 있다.

웃는 시간은 보약 먹는 시간이요,

암세포와 전쟁을 하는 시간이다.

웃음이야말로 건강에 좋은 보약이요

최고의 항암치료제이다.

웃음 테라피란

웃음 테라피란 웃음으로 지치고 병든 몸과 마음과 정신과 환경을 치유하고 회복하는 것을 말한다. 웃음에는 놀라운 치유의 효과가 있다.

웃음은 최고의 면역증강제이다. 돈으로 면역을 증강시키려면 많은 비용이 든다. 그러나 한 번의 큰 웃음은 모르핀의 5배에 달하는 진통 효과를 낸다. 웃음이 스트레스와 아픔을 동시에 차단하고 암 세포를 공격하여 제거하는 것이다.

이렇듯 웃음은 이미 널리 알려진 만병통치약이며 명약 처방이다. 웃음은 부모님께는 장수 묘약이요, 자녀에게는 머리를 영리하게 만들어 주는 총명탕이요, 부부에게는 신뢰를 부르는 믿음 촉진제이다.

제임스 월쉬는 "웃는 사람은 실제적으로 웃지 않는 사람보다 더 오래 산다. 건강은 실제로 웃음의 양에 달렸다는 것을 아는 사람은 거의 없다."고 했다. 웃으면 건강해진다. 웃으면 생명이 연장된다.

심리학자들의 말에 의하면, 사람은 하루에 적어도 한두 시간은 웃어야 한다고 말한다. 그래야 먹은 것이 소화도 잘되고, 건강에도 좋고, 일에도 좋고, 인간관계도 좋아진단다.

우리 몸에는 완벽한 약국이 있는데, 그것은 바로 웃음 약국이다. 내가 웃으면 세상이 함께 웃고, 내가 울면 질병이 따라 웃는다. 웃으면 몸과 마음과 정신과 환경이 치료되고 회복된다. 그래서 필자는 '웃음 테라피'라고 말한다.

02 / 노먼 커즈스의 웃음 치료

    마음의 즐거움은 양약이라고 했듯이 기뻐하고 즐거워하고 웃는 것은 그 어떤 보약보다도 더 좋은 보약이다. 웃음은 정신적·육체적으로 상당한 치료 효과가 있다.

    한마디의 유쾌한 농담으로 만들어 낸 웃음으로 하루의 피로가 말끔히 씻긴다. 웬만한 괴로움은 웃음과 함께 순식간에 사라진다. 웃음의 힘이 큰 것은, 웃는 사람뿐 아니라 웃게 만든 사람까지도 더 즐거워진다는 데 있다.

    프랑스 의사들이 가장 많이 처방하는 약이 웃음이라고 한다. 환자들에게 하루에 세 번 이상 크게 웃을 것을 권장하는데, 잘 웃는 환자일수록 치료와 회복 속도도 빠르다.

    미국의 유명잡지 『토요리뷰』의 편집장이었던 노먼 커즈스는 50세가 되던 1964년, 강직성 척수염에 걸렸다. 강직성 척수염은 500명 중 1명이 살 수 있을 정도로 아주 희귀한 불치병이다.

    그는 병원에서 불치병 판정을 받았으나, 굴복하지 않고 자가 치료를 하기로 마음먹는다. 병원에서 나와 곧장 집으로 향한 노먼 커즌스는 코미디 영화와 유머집을 준비했다. 바로 웃음 치료를 시작한 것이다.

처음에는 진통제 없이는 잘 수 없었던 그가 10분 정도 크게 웃고 나면, 2시간 정도의 숙면을 취할 수 있었다. 그렇게 2시간 후 잠에서 깨면, 다시 코미디 영화를 보거나 유머집을 읽기를 반복했다.

그렇게 매일매일 웃음 치료를 열심히 실천해 나간 결과, 볼펜 한 자루도 들기 힘들었던 그의 관절은 6개월이 지난 후 관절을 움직여 볼펜을 들 수 있을 정도가 되었다. 그 후 꾸준한 자신만의 웃음 치료 요법 덕분에 몇 년 뒤에는 완치되어 편집장에도 복직하게 되었다.

그때부터 노먼 커즌스는 웃음에 대한 연구를 시작했다. 그 결과 웃으면 엔도르핀이 분비된다는 사실을 알았고, 웃음을 가장 싫어하는 것이 바로 암세포라는 사실도 알아냈다. 이후 그는 『웃음의 치유력』이라는 유명한 저서를 남기며 세계적으로 '웃음의 아버지', '웃음의 전도사'로 널리 알려졌다.

그렇다. 웃음은 하나님이 주신 선물이며 하나님이 주신 최고의 명약이요 항암 치료제이다. "사라는 하나님이 나로 웃게 하신다."(창21:6)고 했다. 하나님이 웃음을 선물로 주신 것이다. "마음의 즐거움은 양약이라."(잠17:22)고 했다. 웃음은 하나님이 주신 최고의 항암치료제인 것이다. 진정한 기쁨과 웃음은 예수 그리스도 안에 있다.

03 웃음 처방전

필자는 오랜 투병 생활을 하는 동안에는 본래 나이보다 서너 살은 더 많게 보았으나, 웃음천사가 된 지금은 오히려 3년 정도 젊게 본다. 입꼬리만 올려 미소만 지어도 3~7년은 더 젊어 보인다. 실제적으로 그렇다. 거울 앞에서 한번 실험해 보라.

한 번 웃으면 한 번 젊어지고, 한 번 분노하면 한 번 늙어진다. 항상 웃는 사람의 얼굴에는 생기가 돌고 윤기가 흐르고 정기가 빛난다. 한 번 유쾌하게 웃으면 이틀씩 젊어진다.

미국 인디애나 주에 있는 볼 메모리얼 병원에서 펴낸 『건강 교육』에 는 웃음이 수명을 늘린다고 소개되어 있다. 웃음은 스트레스 호르몬인 코티졸의 양을 줄여 주고 우리 몸에 유익한 호르몬을 많이 분비하게 되어 15초 동안 크게 소리 내어 웃으면 수명이 이틀이나 연장된다는 것이다.

프랑스 보건전문지 『쌍떼(santé; 건강)』에 실린 글에, 프랑스 의사들이 가장 많이 처방하는 약품 가운데 하나가 바로 웃음이라는 내용이 나온다. 웃음의 효과를 아는 의사들은 환자들에게 약을 처방하면서 함께 웃음을 처방한다. 웃음은 최고의 웰빙 처방전인 셈이다.

의사들이 이같이 말하는 근거는 다음과 같다. 웃음은 우선 폐와 기

당신도 치유될 수 있다

도를 확장시켜 공기의 유입과 배출을 촉진시켜 준다. 이를 통해 상부 호흡기를 청소해 호흡을 정상화시켜 주는 탁월한 효과를 발휘한다는 것이다.

웃음은 또 신경성 위장 장애와 신경성 고혈압, 신경성 심장병, 신경성 두통 등 우울과 히스테리의 정신적 작용으로 겪게 되는 신체적 질병까지도 다스리는 치료제로서의 역할을 한다.

화를 내는 것처럼 몸에 해로운 것은 없다. 웃지 않는 사람의 얼굴에는 부드러운 기운이란 있을 수 없다. 분노하면 스트레스 호르몬이 나와 면역체계를 흐트러뜨려 건강에 좋지 않다. 항상 얼굴을 찌푸린 사람, 웃음의 밝은 표정이 사라진 사람은 어떤 일이든 제대로 되는 일이 없다.

이에 반해 웃고 사는 사람은 언제나 건강하고 행복하다. 지금 거울을 보고 웃자. 한층 젊고 건강해진 자신의 모습을 발견할 수 있을 것이다.

04) 웃음과 사랑으로 암을 치료한다

노벨평화상을 수상한 알버트 슈바이처 박사(Albert Schweitzer, 1875~1965)는 "이 세상에 해야 할 일이 있다는 자각과 미소 감각이 조화를 이루면 모든 병을 물리치는 약이 된다."는 신념을 가지고 있었다. 모든 병을 치료하는 치료제인 웃음은 특히 암을 물리치는 부작용 없는 최고의 항암치료제이다.

2006년 SBS 뉴스 특집으로 방송된 내용이다. "웃음과 사랑으로 암을 치료한다." 이게 가능한 얘기인가 싶겠지만, 실제로 이런 심리적인 치료법으로 효과를 보는 암 환자들이 늘고 있다.

웃음으로 스트레스를 날려 버린다는 강좌를 듣기 위해 모인 사람들은 억지웃음까지 동원해서 웃고 또 웃는다. 이들 가운데 김영희(54세) 씨가 있다. 그녀는 지난 2005년 12월, 대장암이 폐와 간으로까지 전이돼 6개월 시한부 선고를 받은 말기 암 환자이다.

김 씨는 2006년 1월 5일 삼성의료원에서 수술을 받은 후 항암치료를 받으며 하루하루 고통스럽게 보내고 있었다. 그러던 중 의사의 권유로 2006년 3월부터 웃음 치료를 시작했다.

그 후 석 달 만에 암의 성장을 막는 면역세포의 수가 정상인의 수치까지 높아졌다. 그야말로 기적이 일어난 셈이다. 간에 전이되었던 암세포가 거의 없어지고, 대장암의 전이와 재발 증후도 없어 항암 치료도 중단했다.

웃음이 과연 암세포의 성장과 전이를 억제할 수 있을까?

사람이 웃으며 뇌 속에서 엔도르핀이나 엔케팔린 같은 호르몬이 분비된다. 이 세포들은 면역세포인 NK세포와 T세포를 자극하게 되고, 수가 늘어나고 활동성이 높아진 면역세포들이 암세포들을 공격한다.

실제로 암 전문병원들이 6개월 시한부 선고를 받은 차기 말기 암 환자 32명에게 기존의 암 치료와 함께 웃음 면역 치료를 병행한 결과, 87%인 28명이 2~3년 이상 생존한 것으로 나타났다.

웃음으로 기적 같은 일이 일어난 것이다. 이처럼 웃는 사람에게는 기적이 일어난다. 당신이 웃는다면 당신도 기적의 주인공이 될 수 있다.

05 나는 살기 위해 웃는다

사람의 뇌 속에서는 여러 가지 뇌파가 나오는데, 깨어 있는 동안에는 몸에 해로운 베타파가 나오고, 밤에 잠을 자는 동안에는 몸에 좋은 알파파가 나온다.

그런데 깨어 있을 때도 좋은 알파파가 나오는 경우가 있다. 바로 웃을 때와 사랑할 때이다. 사랑하고 웃으면 알파파가 가득 차기 때문에 표정이 밝아진다. 또한 몸에 좋은 호르몬들이 배출되기 때문에 건강하고 얼굴도 예뻐진다. 기뻐하고 즐겁게 웃는 것은 보약보다 좋으며 웃음은 최고의 명약이요 최고의 치료제이다.

두 아이를 둔 어느 젊은 교사의 유방암 극복기를 들려주고자 한다.
그녀는 인기 있는 국어 선생님으로, 개인 시간을 가질 수 없을 정도로 바빴다. 그러나 어느 날, 유방암 진단을 받고 양쪽 가슴을 다 절제한 후 죽음과 같은 시간을 보내고 있었다.

암 진단 당시 그녀에게는 13세 아들과 10살 난 아들이 있었다. 수없이 반복된 항암 치료에 양쪽 유방을 다 절제했던 그녀는 두 팔을 들 수도, 마늘도 하나 깔 수도 없었고 결국 학교 교사직을 사직하게 되었다.

하지만 죽도록 살고 싶은 마음에 웃음치료 기관을 찾아갔고, 그곳에서 기적 같은 일을 경험하게 되었다. 그리고 웃음으로 새로운 인생을 살고 웃음 강의를 하면서 벌써 10년째 희망을 전하는 웃음전도사가 되었다.

그녀를 향한 아들과 남편의 도움도 눈물겹다. 수시로 문자를 통해 유머를 보내 주었고, 냉장고, 화장실, 옷장, 현관 등 엄마의 발걸음이 닿는 곳이면 어디든 웃음 스티커를 붙여 주었다.

그리고 웃음샤워를 한다. 웃음샤워는 서로 웃으며 가족끼리 서로의 온몸을 쓰다듬어 주면서 이렇게 말하는 것이다.

"당신은 정말 복이 많아!"

"오늘도 좋은 일이 생길 것 같아요."

"당신이 최고야!"

지금은 매일매일 내 인생 최고의 날이라고 크게 웃으며 하루하루를 신나게 보내고 있다.

일어나자마자 웃는 웃음은 보약 열 첩보다 더 건강에 좋다. 그래서 항암 치료를 받았던 필자는 웃음천사가 되어 날마다 웃으며 살아가고 있다. 웃는 시간은 보약 먹는 시간이요, 웃는 시간은 암 세포와 전쟁을 하는 시간이다. 웃음은 최고의 항암치료제이다.

06 / 건강에 좋은 웃음 요법

미국 스탠퍼드대학 월리엄 프라이 박사는 사람이 한바탕 크게 웃을 때 몸속의 650개 근육 중 231개 근육이 움직여 많은 에너지를 소모한다고 밝혔다. 크게 웃으면 상체는 물론 위장, 가슴, 근육, 심장까지 움직이게 만들어 상당한 운동 효과가 있다고 분석했다. 따라서 웃을 때는 배꼽을 잡고 박장대소로 크게 길게 온몸으로 웃는 것이 좋다.

사람이 박장대로 한 번 크게 온몸으로 웃을 때의 운동 효과는 에어로빅 5분의 운동량과 같고, 윗몸일으키기 25회 한 효과가 있으며, 노 젓기를 3분 한 효과가 있다. 그리고 15초 박장대소를 하면 100m를 전력 질주한 효과가 있다. 그러므로 웃음은 건강에 좋은 운동이다.

웃음은 심장도 튼튼하게 한다. 최근 미국에선 많이 웃는 사람들에게 심장병 발병이 적다는 연구 결과가 나왔다. 우리 몸에는 내장을 지배하는 교감 신경과 부교감 신경 등 두 가지 자율신경이 있다. 놀람, 불안, 초조, 짜증 등의 감정은 교감신경을 예민하게 만들어 심장을 상하게 한다.

반면 웃음은 부교감신경을 자극해 심장을 천천히 뛰게 하며 몸 상태를 편안하게 해 준다. 심장병이 적게 생기는 이유이다. 웃음은 스트레스와 분노, 긴장을 완화해 심장마비와 같은 돌연사도 예방해 준다.

웃음은 암도 물리친다. 웃음은 병균을 막는 항체인 인터페론 감마의 분비를 증가시켜 바이러스에 대한 저항력을 키워 주며, 세포 조직의 증식에 도움을 주는 것으로 밝혀졌다. 이는 사람이 웃을 때 통증을 진정시키는 엔도르핀이라는 호르몬이 분비되기 때문이다.

암 환자에게 스트레스는 항암주사의 효과를 떨어뜨린다. 스트레스는 면역체계를 무너뜨리지만, 즐겁게 웃는 밝은 마음은 면역체계를 강하게 한다. 웃음이 좋은 치료 방법과 어우러지면 암도 물리칠 수 있다.

웃음은 창조주 하나님께서 인간에게 주신 선물이며 최고의 명약이자 치료제이다. 오늘도 예수 그리스도 안에서 심령 천국 되어 웃고 살 뿐만 아니라 웃음의 선물을 많이 전파하는 웃음 바이러스가 되자.

07) 홀덴의 웃음 요법

몇 년 전 영국에서 발표된 한 통계 자료에 따르면, 어린이들은 하루에 약 300번 정도를 웃는다고 한다. 이 숫자는 어른이 되면서 하루

6~15번 정도로 줄어든다. 왜 어른이 되면 웃음을 잃어버리는 걸까?

그 당시 영국에서는 웃음 요법이라는 것이 등장해서 화제가 되었다. 이 치료 요법은 심리학자인 로버트 홀덴(Robert Holdec)이 개발한 것으로, 웃으면 복이 온다는 설에 근거한 것이다. 그에 따르면 웃음 요법은 행복뿐 아니라 건강도 가져온다고 한다.

홀덴의 연구에 의하면, 1분 동안 유쾌하게 웃으면 10분 동안 에어로빅이나 조깅 혹은 자전거를 타는 것만큼 근육이 이완되고 피가 잘 돌아 혈액순환이 원활해진다고 한다. 또 체내에서 자연적으로 분비되는 진통성분을 가진 엔도르핀과 엔케팔린이 늘어나고 체내의 T세포도 증가한다고 한다.

1분간 웃으면 10분 동안 운동한 효과가 나타난다니, 웃지 않을 이유도 없을 것 같다. 그러나 앞에서 말한 통계처럼 어른들은 잘 웃지 않는다. 세상의 풍파와 부딪치면서 웃음을 잃어버렸기 때문이다.

그러나 실망할 일은 아니다. 왜냐하면 인간은 누구나 태어나면서 웃음보라는 선물을 가지고 태어나 웃음의 잠재력을 가지고 있기 때문이다. 누구나 기회만 있으면 그 능력을 발휘해 웃음으로써 행복과 건강을 회복할 수 있다.

홀덴의 웃음 요법은 미소 짓기와 따라 웃기를 통해 인간에게 잠재된 웃음 능력을 개발해 어른의 몸 안에 감춰진 어린아이의 모습을 찾아내는 치료법이다. 그저 웃기 위해서 웃을 수 있는 연습을 통해 생활 속에서 자신이 웃고 싶을 때 남을 의식하지 말고 마음껏 웃을 수 있게 된다. 마음껏 웃을 수 있는 사람이 건강한 사람이요 행복한 사람이다.

10 ╱ 웃음 호르몬과 건강

웃을 때 몸에 이로운 엔도르핀α, β, γ, 엔케팔린, 도파민, 옥시토신, 바소프레신, 테스토스테론, 세로토닌, 멜라토닌, 다이돌핀, NK세포, 인터페론α, β, γ, 인터루킨6 등과 같은 21가지 호르몬들이 분비된다.

물론 이런 호르몬은 웃을 때만 분비되는 것은 아니다. 감사할 때, 사랑할 때, 봉사할 때, 긍정적으로 생각할 때, 희망을 가질 때에도 분비된다.

1998년 10월 9일, 웃음에 관한 국제학술회의가 스위스 바젤에서 열렸다. 이 회의에서 독일인 정신과 전문의 미하엘 티체 박사는 웃음이 스트레스를 진정시키고 혈압을 낮추어 혈액순환을 개선하며 면역체계와 소화기관을 안정시키는 작용을 한다고 발표했다. 그 이유에 대해 웃을 때 통증을 진정시키는 호르몬이 분비되기 때문이라고 설명했다.

미국 로마린다 의과대학팀의 1996년 연구 결과도 흥미롭다. 환자 60명의 혈액을 일반 상태와 한 시간 동안 코미디 비디오를 본 후로 나

뉘 비교한 실험이었다. 그 결과, 폭소 후 혈액에는 병균 침투를 막아주는 인터페론 감마 호르몬이 평소보다 200배나 늘어났다는 것이다.

심리학자인 데이비드 루이스는 아기의 미소를 보는 것은 초코바 2,000개를 먹거나 현금으로 1만6,000파운드(약 2,700만 원)를 받을 때의 반응과 비슷하다는 재미있는 연구 결과를 내놓기도 했다.

미국의 정신의학자 엘머 게이즈 박사는 사람이 호흡할 때의 액체를 냉각시켜 색깔을 보는 실험을 진행했다. 화를 많이 낼 때는 밤색, 슬플 때는 회색, 기쁠 때는 청색의 빛깔이 나타났다.
그리고 계속 화를 내고 있으면 몸에 많은 독소가 발생하여 온몸에 퍼지게 된다고 하였다. 게다가 그 독소는 80명 정도의 사람을 죽일 수 있는 효력을 가지고 있다고 한다.
그와 같은 독이 몸 안에 있으면 어찌 건강할 수 있겠는가? 좋은 호르몬을 내뿜어 독소를 해소하고 건강을 지키는 비결은 바로 웃음에 있다.

11) 　　　　만병통치약

웃음이 만병통치약에 가깝다는 것은 이미 알려진 사실이다. 왜냐하면 하나님이 주신 치료제이기 때문이다. 영국의 철학자인 버드란트 러셀은 '웃음은 만병통치약'이라고 했다. 웃으면 면역 기능이 높아지고, 심장 박동 수가 2배로 늘어나며, 폐 속에 남아 있던 나쁜 공기가 신선한 공기로 빨리 바뀐다. 또한 웃을 때는 암과 세균을 처리하는 NK세포, 인터페론 감마, T세포, B세포 등이 증가한다.

 옛날 당나라에 송청이라는 명의가 있었다. 많은 환자들이 송청의 명성을 듣고 그를 찾았고, 그가 치료하는 환자들은 더 빨리 낫고 예후도 좋았다. 다른 의원들도 그 비법을 알기 위해 노력했지만, 송청 또한 그들과 같은 약재를 사용하고 있었으니 알 길이 없었다.
 도저히 참지 못한 의원들이 송청을 찾아가 비법을 알려 달라고 간청했다. 이제 송청이 웃으며 대답했다.
 "글쎄요. 굳이 나에게 비법이 있다면, 그것은 구불약(九不藥) 덕분이지요."

 송청은 차례로 그 의미를 설명했다.
 "첫째는 불신(不信)이니 상대방이 나를 의심하지 않게 해 주고, 둘째는 불안(不安)이니 불안한 마음을 없애 주며, 셋째는 불앙(不怏)이니 나에게 앙심을 품지 않게 해 주고, 넷째는 불구(不具)이니 내 마음이 곧다는 사실을 알려 주며, 다섯째는 불치(不治)이니 내가 약값을 속이지 않음을 믿게 해 주고, 여섯째는 불의(不義)이니 나와 상대방의 거리감을 없애 주며, 일곱째는 불충(不忠)이니 내가 성의가 없다고 느끼지 않게 해 주고, 여덟째는 불경(不敬)이니 내가 공손하지 않다는 불쾌감을 없애 주며, 아홉째는 불규(不規)니 내 언행이 원칙에 어긋난다고 느끼지 않도록 해 주지요."

　설명을 들은 의원들이 이 만병통치약의 제조법을 가르쳐 달라고 간청하자, 송청이 웃으며 대답했다.

　"이건 약재로 지을 수 있는 약이 아닙니다. 만인의 병을 고쳐 주는 구불약(九不藥)은 바로 환자를 향한 의원의 웃음입니다."

　웃음은 만인의 병을 고쳐 주는 구불약(九不藥)이다. 웃음은 마음을 정화하는 효능을 넘어 혈액순환을 촉진하고, 면역력을 높이고 질병을 치료하는 데 도움을 준다는 연구 결과가 있다.

　그리고 웃음이 가진 가장 긍정적인 효능은 나의 몸과 마음과 정신과 환경을 건강하게 해 주기도 하지만, 그 웃음을 바라보는 다른 사람들의 몸과 마음에도 좋은 영향을 끼칠 수 있다는 것이다.

　윌리엄 프라이 박사는 "웃음은 전염된다. 웃음은 감염된다. 이 둘은 당신의 건강에 좋다."고 하였다. 나 자신을 위해, 그리고 우리가 사랑하는 사람들을 위해 좀 더 웃으며 살자.

12) 　　웃음의 의학적 실례들

　미국 UCLA대학병원의 이자크 프리드 박사는 1988년 3월 뇌 속에서 웃음보를 발견했다. 간질을 치료하던 중 뇌에 발작을 일으키는 부분을 찾기 위해 16세 소녀 환자의 옆머리에 전극을 부착해 자극을 주면서 치료하던 중, 왼쪽 대뇌의 사지통제 신경조직 바로 잎에 표면적 4㎝의 웃음보를 발견한 것이다. 대뇌와 소뇌 중간에 위치한 500원짜리 동전 크기의 웃음보는 즐거움과 웃음을 관장하는 '웃음 뇌'라고 발표했다.

미국 윌리엄 앤드메리 대학교 심리학 피터크 로스 교수는 웃음과 유머가 뇌의 전자파에 상당한 영향을 준다고 밝혔다. 유머 책을 읽을 때, 웃음이 나오기 전에 1초의 10분의 4동안 전류가 대뇌피질에 흐르는 것이 발견된 것이다. 이러한 전류는 대뇌의 한 부분에만 국한되어 작용하는 것이 아니라 두뇌의 전체에 걸쳐서 작용하였다. 이렇듯 웃음은 우리 뇌 전체의 운동을 활발하게 하는 촉진제이다.

미국 미시간대 심리학 로버트 자니언 박사는 웃을 때 전신이 이완되고 인체가 자연스러운 균형 상태로 돌아간다고 주장했다. 웃을 때 질병을 고치는 화학물질이 혈류로 들어갈 뿐 아니라 부교감신경을 자극해 심장을 튼튼히 뛰게 하며 몸 상태를 편안하게 해 준다는 것이다.

미국 존스홉킨스 병원은 환자들에게 나눠 주는 『정신건강』이라는 책자에서 "웃음은 내적 조깅"이라는 서양 속담을 인용하며 웃음이 순환기를 깨끗이 하고 소화기관을 자극하며 혈압을 내려 준다고 소개하였다.

당신도 치유될 수 있다

일본 오사카 의과대학 신경기능학 팀은 웃음이 바이러스에 대한 저항력을 키워 주며 세포조직의 증식에 도움을 준다고 밝혔다. 웃으면 병균을 막는 항체인 인터페론 감마의 분비가 증가하기 때문이라고 한다. 그래서 많이 웃는 사람일수록 NK세포의 활동력을 높여서 암이 걸릴 확률이 적어진다고 했다.

일본 국제과학재단의 무라카미 가즈오 소장은 당뇨병 환자에게 지루한 강의를 듣게 한 후 일류 코미디언들의 쇼를 보게 하고 몸 안에서 진행되는 변화를 확인했다. 이틀간 진행된 실험에서 코미디 쇼를 본 후, 혈당수치가 현저히 낮아진 사실을 알게 됐다. 이 같은 결과는 미국의 전문 학술지에도 소개되었고, 무라카미 소장은 앞으로 코미디 비디오 한 편을 보라는 의사의 처방이 더 이상 농담이 아닌 날이 올 것이라고 말했다.

미국 메릴랜드대학 메디컬센터 예방심장학과 마이클 밀러 박사는 미국심장학회(AHA) 연례 학술회의에서 웃음이 심장병을 예방하는 데 효과가 있다는 사실을 발표했다.

밀러 박사는 심장병 병력이 있는 사람과 건강한 사람 각각 150명을 대상으로 실시한 조사 분석 결과, 심장병 병력이 있는 사람들은 기분 좋은 상황에서도 정상인보다 훨씬 웃음이 적은 것을 밝혀냈다. 정신적인 스트레스는 혈관 내부의 보호막인 내피를 손상시키는데, 혈관의 내피가 손상되면 일련의 염증 반응이 나타나면서 심장에 혈액을 공급하는 관상동맥에 지방과 콜레스테롤이 쌓일 수 있다고 말했다.

18년간 웃음의 의학적 효과를 연구해 온 미국의 리버트 박사는 웃음이 인체의 면역력을 높여 주어 감기와 같은 감염질환은 물론 암과 성인병을 예방해 준다고 주장했다. 웃음을 디뜨리는 사람에게서 피를 뽑아 분석해 암을 일으키는 종양세포를 공격하는 NK세포가 많이 생성돼 있음을 밝혀냈다.

최근엔 웃음이 알레르기 환자에게도 묘약이 될 수 있음을 보여 주는 연구 결과가 나왔다. 일본 교토 우니티카 중앙병원의 기마타 하지메 박사팀은 미국의학협회저널(JAMA)에 알레르기 환자가 찰리 채프린의 희극영화를 본 뒤 증상이 개선된 사례를 소개했다. 남녀 알레르기 환자 26명을 두 그룹으로 나눠 알레르기 유발 물질은 주사한 후, 90여 분간 각각 찰리 채플린의 희극영화『모던타임스』와 일반 비디오를 보여 준 뒤 이들의 피부 상태를 관찰했다. 그 결과, 채플린 영화를 본 환자들은 알레르기로 인한 피부 반응이 줄어든 데 반해 일반 비디오를 시청한 환자에게서는 아무런 반응도 나타나지 않았다.

또 웃음이 당뇨병 환자에게도 묘약이 될 수 있다는 연구 결과도 나왔다. 일본 국제과학진흥재단의 심(心)과 유전자 연구회는 중장년 당뇨병 환자 21명을 대상으로 만담 비디오를 보여 준 뒤 식후 혈당치를 재 본 결과, 만담 비디오를 보지 않았을 때보다 혈당수치기 크게 낮아지는 것을 확인했다. 실험은 이틀에 걸쳐 진행됐는데, 모두 정오에 점심 식사를 한 후 2시간 뒤 혈당치를 측정한 결과 당뇨병 메커니즘에 관해 강의한 첫날의 평균 123인 반면, 만담 비디오를 보여 준 둘째 날은

77로 큰 차이를 보였다.

　이상의 사례들을 볼 때, 즐겁게 웃는 웃음이 거의 모든 질병에 효과 적임을 알 수 있다. 그런데 웃음은 육체적 질병에만 효과가 있는 것이 아니라, 심리적ㆍ정신적ㆍ환경적ㆍ영적인 면에서도 놀라운 치료의 효과가 있다. 그것이 바로 필자가 말하는 웃음 테라피이며 전인치유 테라피이다.

3장

감사
테라피

감사는 최고의 항암제요 해독제요 방부제다.

감사는 영적 건강의 좌표이다.

영적으로 건강하면 감사가 나오고,

영적으로 병들면 불평과 원망이 나온다.

건강에는 어떤 보약보다도

감사 보약이 효과가 가장 뛰어나다.

01 / 감사 테라피란

감사 테라피란 감사를 생각하고 고백하고 씀으로써 상하고 지친 몸과 마음과 정신과 환경과 영혼을 치료하고 회복하는 것을 말한다.

나는 감사 테라피 강의를 하면서 감사를 하루에 세 가지씩 쓰게 하거나 하루에 백 번 감사를 고백하고 그냥 입버릇처럼 "감사합니다. 감사합니다."라고 중얼거리라고 한다. 왜냐하면 감사를 생각하고 고백하는 것은 최고의 치료제이기 때문이다.

응용긍정심리학의 선구자인 돈 베이커는 자신의 저서 『What happy people know 인생 치유』에서 기적의 치료제 하나를 소개한다. 그가 말하는 이 치료제의 효능은 가히 기적적이다. 모든 증상, 모든 질병에 다 효능이 있고 특별한 처방전을 필요로 하지 않으며, 절대로 부작용이 없고 아무리 많이 복용해도 약물 과다로 인한 중독 현상도 생기지 않는다.

게다가 이 치료제는 완전 무료여서 누구나 마음만 먹으면 복용하고 효과를 볼 수 있다. 이 치료제의 효율성은 임상적으로 확인되고 경험도 했다. 식전이나 식후에 아무 때나 수시로 복용할 수도 있다. 이 치료제는 이미 모든 이들이 가지고 있다. 다만 잘 사용하지 않아서 그 효능을 모르거나 경험해 보지 못했을 뿐이다.

도대체 이 기적의 치료제가 무엇일까?

베이커는 이 치료제를 '감사 테라피'라고 불렀다. 테라피라는 것은 약에 의존하지 않는 치료요법을 말한다. 감사하는 것 그 자체가 치료법이 된다는 의미이다. 감사를 고백하고 감사를 쓰고 감사를 생각하는 것이 바로 감사 테라피이다.

미국 캘리포니아 의과대학의 딘 오니시 박사는 "건강에 영향을 미치는 의학적 변수는 부지기수로 많지만 감사보다 긍정적인 효과가 큰 요인을 보지 못했다. 다이어트, 흡연, 운동, 스트레스, 유전적 특징, 약물 처방, 외과 시술 등을 모두 비교해도 감사하는 태도와는 비교도 안 된다. 삶의 질, 발병률, 건강한 신체, 조기사망의 예방 등 어느 기준에서 보더라도 그렇다."라고 말했다.

또한 미국의 대표적인 심층 뉴스 TV 프로그램 인사이드 에디션의 진행자로도 유명한 데보라 노빌은 자신의 저서 『0.3초의 기적 감사의 힘』에서 "감사합니다."라는 말의 힘을 말한다.
"감사합니다."라는 짧은 말이 인생 전체를 바꿀 만한 강력한 힘을 지니고 있으며, 각 개인이 지닌 잠재력을 최대한 끌어올리는 엄청난 비밀을 지니고 있다는 것이다.

감사라는 말만으로도 깊은 인간관계를 맺을 수 있고, 활기차고 건강한 삶을 살 수 있다. 감사 연습을 꾸준히 하면 고난에 대한 면역력이 길러지고 수명이 길어진다. 타인의 호감을 사고 창의적으로 문제를 해결하게 된다.

감사하는 마음속에 지혜와 기쁨이 가득하고 건강과 행복이 함께 한다. 이것이 바로 필자가 말하고 주장하는 감사 테라피 이다.

02   감사 치료

인간의 병을 치료하는 방법으로는 동양 의학인 한방 치료와 서양 의학인 양방 치료가 있으며, 이 범주에 들지 않은 대체의학이 있다.

대체의학에는 400여 종류의 치료 방법이 있는데 그중 하나가 감사 치료 요법이다. 감사를 쓰고, 고백하고, 생각함으로써 질병을 다스리는 방법이다. 항암 치료를 받는 사람들 중에도 이 요법을 병행하는 사람들이 많다.

나는 테라피 강의를 하면서 전인적인 치유 방법을 사용한다. 밝게 웃고 긍정적으로 생각하고 감사하고 사랑하고 나눠 주고 칭찬하고 서로 포용하게 한다.

이 방법은 면역력을 높이는 치유 방법이다. 단순히 지식을 전달하는 것이 아니다. 필자가 이렇게 살고 있고 그 삶을 전하기에 많은 청중들이 감동받고 회복되고 삶이 변화되고 치유되는 것이다.

제2차 세계대전 후 일본에서 있었던 일이다. 제2차 세계대전에 참여

하고 다시 고국으로 돌아온 해군 장교 가와가미 기이치는 일본이 패전국이 되어 엉망진창이 되어 있는 것을 발견했다.

나라를 위해 목숨을 걸고 전투하며 고생하다 돌아왔지만, 차마 눈뜨고 볼 수 없을 정도로 피폐해진 조국의 모습에 너무나 실망한 나머지, 그는 날마다 불평불만으로 세월을 보내기 시작했다. 그러다 보니 밥을 먹어도 소화도 잘 안되고 이상하게 몸도 점점 굳기 시작하였다. 결국 병원을 찾은 그는 의사로부터 이상한 처방을 받게 된다.

"하루에 백 번씩만 '감사합니다.' 이렇게 말하며 살아 보십시오. 그러면 그렇게 감사하는 마음이 반드시 당신의 병을 치료해 줄 것입니다."

그는 처방에 따라 억지로라도 매일 그렇게 말하기 시작했다. 그러다 보니 그는 점점 모든 사건, 모든 사물을 긍정적인 눈으로 바라보게 되었다. 그러던 어느 날, 그의 몸은 완전히 새롭게 치유되었다.

이것이 바로 감사 테라피 요법이다. 감사하는 마음은 불평도 치료하고 원망도 치료하고 부정적인 생각도 긍정적으로 치료한다. 모든 병은 마음에서 온다고 했듯이 감사하면 육체의 질병도 마음의 상처도 치유되는 것을 볼 수 있다. 진정한 감사는 복음 안에서 나온다. 복음이요 생명이신 예수 그리스도 안에서 범사에 감사할 수 있다.

당신도 치유될 수 있다

03 / 감사 일기의 효과

시카고에서 심리클리닉을 운영하는 심리학자인 마르얀 트로이아니는 환자들과 상담을 하면서 불만을 억제하고 감사함을 더 자주 표현하게 하는 감사 일기가 중요한 도구가 되었다고 말한다. 그는 감사 일기를 통해 환자 치유에 큰 효과를 보고 있다.

실제로 감사 일기를 매일 집중적으로 3주간 쓸 경우, 우리의 뇌는 스스로 긍정적으로 변해 가는 것을 느낀다고 한다. 감사 일기의 중요성과 효과에 대한 심리학 교수의 실험이 있어 소개한다.

미국 캘리포니아 주립대 심리학 교수인 로버트 에몬스 교수는 12~80살 사이의 그룹의 사람들을 상대로 매일 5가지씩 고마웠던 일을 글로 쓰게 한 사람들과 그렇지 않은 사람들을 한 달간 비교하는 실험을 진행했다.

그 결과, 감사 일기를 쓴 사람들 중 4분의 3은 행복지수가 높게 나타났고 수면이나 일, 운동 등에서도 더 좋은 성과가 나타났다. 그뿐 아니라 뇌의 화학구조와 호르몬이 변화하고 신경전달물질들이 좋게 바뀌었으며, 감사함을 느끼는 순간 사랑과 공감 같은 긍정적 감정을 느끼는 뇌 좌측의 전전두피질이 활성화되었다.

그는 감사는 생리학적으로 스트레스 완화제로서 분노나 화, 후회 등 불편한 감정들을 덜 느끼게 하여 감사 일기를 씀으로써 매사에 적극적이고 열정적이며 다른 사람들과도 더 깊은 교감을 느낄 수 있게 된다고 말한다.

　히루 일과를 마친 후 감사한 것을 구체적으로 적어서 회상하면 감사한 마음으로 잠들게 된다. 대부분의 기억이 고착화되는 현상은 잠자는 동안에 일어나기 때문에 우리의 뇌는 아침에 일어나면 감사한 일을 찾기 시작한다.

　이처럼 몸과 마음과 정신과 환경을 치료하는 감사 일기의 효과를 몸소 체험해 보는 건 어떨까?

04 ／　과학이 증명한 감사유전인자

　최근 미국의 노스캐롤라이나 대학 사라 앨고어 교수의 연구에 의하여 인간에게 감사유전인자인 CD38이 있다는 사실이 알려졌다.

　범사에 감사하는 것이 너희를 향한 내 뜻이라(살전5:18)고 하신 하나님의 뜻이다. 범사에 감사하면 행복하도록 감사유전인자를 만들어 놓았다는 의미이다.

　감사유전인자 CD38이 있는 사람들은 NK세포와 만능호르몬이라고 할 수 있는 옥시토신이 잘 분비된다. 옥시토신 호르몬은 세로토닌, 도파민 같은 다른 호르몬도 자극하여 함께 배출되도록 하여 몸이 항상성

　　　　　　　　　　　　당신도 치유될 수 있다

을 유지하도록 돕는다.

하버드대학에서 연구한 바에 의하면 옥시토신은 다이어트 효과가 있다고 한다. 또한 버클리대학의 줄기세포 연구소의 발표에 의하면, 옥시토신 호르몬은 늙은 세포 재생 기능이 있어 장수사회의 새로운 희망으로 떠오르고 있다.

이러한 옥시토신 정제나 스프레이가 시판되고 있는데, 자폐아를 고치기 위하여 계속 복용할 경우 부작용도 있다고 한다. 이러한 부작용을 통하여 결국 감사는 몸속에서 일어나야지, 약을 주입하여 감사한 것처럼 만드는 것은 부작용을 만들 수 있다는 것을 알 수 있다.

감사는 질병을 이기고 암도 이긴다. 감사는 불평과 불행, 원망을 이긴다. 행복하기를 원한다면 감사하라. 행복의 결과가 감사가 아니라, 감사의 결과가 행복이다. 행복하니까 감사한 것이 아니라, 감사를 하면 행복이 찾아온다. 감사하면 감사할 일이 많아지고, 불평하면 불평할 일이 점점 많아진다. 감사는 행복과 건강의 비결이다.

범사에 감사하여 몸에서 NK세포와 옥시토신을 많이 만들 수 있도록 감사한 일을 생각하고, 오늘 하루 감사한 일들을 고백하고 세 가지씩 써 보자. 행복을 느끼게 되고 건강하게 되고 치유될 것이다.

05 │ 감사 치유 요법

세르반은 "인간이 범하는 가장 큰 죄는 감사할 줄 모르는 것이다."라고 했다. 감사할 만한 일에 대한 감사는 누구나 할 수 있지만, 진정한 감사는 감사할 수 없는 상황에서조차 감사하는 것이다. 모든 일에 감사하는 것은 행복의 근원이자 치유의 비결이다.

시카고에서 태어난 워너 솔맨(Warner Sallman, 1892~1968)은 1917년 결혼하고 얼마 안 된 젊은 나이에 중병에 걸렸다. 그가 받은 진단은 림프선 결핵. 길어야 3개월 살 것이라는 의사의 말에 솔맨의 마음은 무너졌다.

당시 유명한 가수였던 아내는 임신 중이었다. 임신한 아내와 곧 태어날 아이를 생각하면, 솔맨은 잠을 잘 수 없을 만큼 괴로웠다. 그가 절망에 빠져 신음하고 있을 때, 그의 아내가 위로하며 말했다.

"3개월밖에 못 산다고 생각하지 말고, 하나님께서 3개월을 허락해 주셨다고 생각하며 감사하며 살아갑시다. 그리고 아무도 원망하지 맙시다. 3개월이 얼마입니까? 천금 같은 그 기간을 가장 아름답게 만들어 봅시다. 3개월이나 되는 기간을 살게 허락하신 하나님께 감사합시다."

아내의 말을 들은 솔맨은 더 이상 원망과 불평의 말을 하지 않았고, 남은 3개월 동안 오직 감사하며 살겠다고 다짐했다. 그때부터 그는 아주 작은 일부터 감사를 시작했고, 곧 모든 것에 감사했다.

그러면서 자신의 생애 마지막 작품이라는 생각으로 〈왕이 되신 그리스도 Head Of Christ〉를 그렸는데, 그에게 놀라운 기적이 일어났다. 의사가 말했던 3개월이 지났는데도 오히려 전보다 더 건강해진 것이다.

다시 병원을 찾은 그는 놀랍게도 림프선 결핵이 깨끗하게 사라진 것을 확인하였다. 주치의 존 헨리 박사는 너무나 놀라며 도대체 3개월 동안 무슨 약을 먹었기에 이렇게 깨끗이 나았느냐고 물었다.

"다른 약은 먹은 것이 없고, 굳이 약이라고 한다면 아내가 주는 감사의 약을 먹었습니다."

주치의는 무릎을 탁 치면서 답했다.

"바로 그것이 명약입니다. 감사는 최고의 항암제요 최고의 해독제요, 최고의 치료제입니다."

이후 솔맨의 그림이 담긴 책은 1940년도에 500만 부 이상 인쇄되었고, 오늘날까지 세계에서 가장 많이 알려진 예수 그리스도의 모습으로 남아 있다. 이 그림으로 솔맨은 매우 인기 있는 화가가 되었다.

이렇듯 하나님께서는 감사하며 기쁨으로 살아가는 사람들에게 놀라운 기적과 치유의 은혜를 체험하게 하신다.

요즘 미국의 정신병원에서는 우울증 환자들을 치료하기 위해서 약물 치료보다는 감사 치유 요법을 더 많이 사용한다. 환자들로 하여금 자신의 삶에서 감사한 일들은 무엇일까를 찾아내게 하는 것이다.

그런데 놀랍게도 약물 치료보다도 이 감사 치유 요법이 훨씬 더 효과가 탁월하다고 한다. 이 감사 치유 요법은 단지 정신과적인 치료에만 효과가 있는 것이 아니라, 솔맨의 경우와 같이 육체적 질병에도 대단한 효과를 발휘한다.

스스로 불행하다고 생각하는가? 그럴수록 감사하라. 그러면 행복해진다. 질병으로 고통당하고 있는가? 감사를 시작해 보라. 놀랍게 몸이 좋아질 것이다. 감사는 질병을 치유하는 원동력이기 때문이다. 감사는 건강의 비결이며 하나님의 뜻이다.

06) 　　　　최고의 항암제, 감사

이 글은 인터넷에 실려 있는 글이다. 나는 종종 강의할 때 이 글을 인용하곤 한다. 존 헨리 박사가 말했듯이 "감사는 최고의 항암제요 해독제요 방부제이다."라는 말을 실감나게 한다. 나도 항암 치료를 받았던 사람으로 내 몸에서 자연적으로 하루에 천 개 이상 발생하는 암세포와 싸우기 위해 웃고 언제나 감사를 고백하며 살고 있다.

어느 교회의 목사 사모가 병원에서 위암 판정을 받았다. 그녀는 한

창 나이에 위암에 걸린 것이 개척 교회 시절의 극심했던 고생 때문이라는 생각에 남편과 하나님에 대한 원망이 싹터 올랐다.

그러던 어느 날, 목사님은 감리교 신학대학의 윤성범 학장을 만났다.
"목사님, 얼굴이 어둡군요. 무슨 일이라도 있나요?"
목사님의 형편을 들은 학장님은 한 가지 제안을 했다.
"노트를 한 권 사다가 아내에게 주세요. 그리고 그 노트에 감사할 일만 생각나는 대로 적으라고 해 보세요."

목사님은 즉시 노트와 볼펜을 사 들고 아내에게 갔다.
"이 마당에 무슨 감사할 일이 있겠어요?"
목사님이 방을 나간 후 한참의 시간이 흐른 뒤, 그녀는 한두 줄씩이나마 노트에 감사할 일을 써 내려가기 시작했다. 아주 평범하고 작은 일부터 적었다.

그러다가 문득 그녀는 자신에게 고마운 사람들이 생각나기 시작했다. 그래서 가장 가까운 사람부터 찾아다니며 감사의 인사를 하고 감사의 기도를 드리기로 결심했다.
그다음 날도, 또 그다음 날도 그녀는 고마운 사람들을 찾아 감사의 인사를 건넸고, 통증이 사라지고 다리에는 웬일인지 힘이 생기는 것을 느낄 수 있었다. 그리고 3개월 후 다시 찾은 병원에서는 의사가 놀라운 말을 했다. 암세포가 다 사라졌다는 것이었다.

의학적·생리학적으로 우리 몸에는 하루에 1천 개 이상의 암 세포들이 자연적으로 발생한다. 그래도 암에 걸리지 않는 것은 면역체계가 있기 때문이요, 암 세포만을 공격해 죽이는 NK세포가 있기 때문이다. 창조주는 우리 몸에 1억 개 정도의 NK세포를 넣어 주셨다.

웃음과 감사는 최고의 항암제이다. 데메츠는 "감사는 영적 건강의 좌표다."라고 했다. 영적으로 건강한 사람은 늘 감사를 고백하지만, 영적으로 병든 사람은 언제나 불평불만을 늘어놓는다.

웃고 또 웃고 감사하고 또 감사하라 범사에 감사하라. 나 자신의 건강과 활기찬 생활을 위해서, 타인에게 기쁨을 선물하기 위해서, 하나님의 복된 손길을 맞잡기 위해서 범사에 감사하라. 감사는 하나님의 뜻이다. 건강의 비결이요 행복의 비결이요 치유의 비결이다.

07) 감사 약

1998년 미국 듀크 대학 병원의 해롤드 쾨니히와 데이비드 라슨, 두 의사의 실험 결과가 놀랍다. 매 주일 교회에 나와 찬양하고 감사하며 예배를 드리는 사람들은 그렇지 않은 사람보다 평균 7년을 더 오래 산다는 사실을 밝혀낸 것이다.

당신도 치유될 수 있다

또한 1999년 듀크 대학에서는 약 4,000명의 사람들을 대상으로 조사한 결과, 예배에 참석하여 찬송과 기도를 드리고 말씀을 듣는 것이 우울증과 고혈압 치료에 큰 효과가 있다는 것을 발견했다.

감사는 스트레스를 완화시키고 면역계를 강화하며 에너지를 높이고 치유를 촉진한다. 감사는 정서에 좋은 반응을 일으켜 혈압을 정상적으로 유지하게 하며 소화 작용을 촉진한다. 이처럼 감사와 찬송은 우리의 마음을 치료하여 해방과 자유를 가져다준다.

세계 최고의 암 전문 병원인 미국 텍사스 주립대 MD앤더슨 암센터에서 31년간 봉사한 김의신 박사는 신앙이 암 치료에 실제적인 효과가 있음을 밝혔다. 교회 성가대원들과 일반인들을 비교해 보니 성가대원들의 면역세포, 즉 NK세포 수가 일반인보다 몇 십 배도 아닌, 무려 1,000배나 많은 것으로 측정되었다고 한다. 감사로 찬양하고 사는 것이 그만큼 건강에 유익하다는 것이다.

"감사는 최고의 항암제요 해독제요 방부제이다"라는 존 헨리 박사의 말처럼 감기약보다 더 대단한 효능을 가진 것이 감사 약이다. 우리가 기뻐하며 감사하면 우리 신체의 면역 체계를 강화시켜 준다. 그러니 우리는 매일 감기약이 아닌 감사 약을 먹어야 한다.

우리가 1분간 기뻐하여 웃고 감사하면 우리 신체에 24시간의 면역체가 생기고, 우리가 1분간 화를 내면 6시간 동안의 면역 체계가 떨어진다. 그러므로 매일 기뻐하고 감사하며 감사 약을 먹으면 몸과 마음의 건강을 잘 유지할 수 있다.

08 ╱ 영적 건강의 좌표

"감사는 영적 건강의 좌표다."라고 했듯이 감사하는 사람은 영적으로 건강한 사람이란 뜻이며 영적으로 건강한 사람이 곧 육체적·정신적으로 건강하다. 감사는 건강의 척도이며 감사가 곧 건강의 비결이다.

세계적인 긍정심리학자인 마틴 셀리그만 교수는 다양한 임상 실험을 통해 과거에 감사했던 기억을 떠올리는 것만으로도 행복지수가 올라간다고 밝혔다. 행복은 감사 속에 있고 감사는 만족 속에 있으며, 만족의 나무에 감사의 꽃이 피고, 감사의 꽃에 행복의 열매가 열린다.

흑인으로서 전 세계의 존경을 받는 남아프리카의 첫 번째 대통령 넬슨 만델라는 백인 정부에 의해 27년간 감옥살이를 했다. 그가 출옥할 때 사람들은 그가 아주 허약한 상태로 나올 것이라고 예상했는데, 70세가 넘은 나이에도 불구하고 그는 아주 건강한 모습으로 나왔다.
"다른 사람들은 5년만 감옥살이를 해도 건강을 잃어서 나오는데, 어떻게 27년 동안 옥살이를 했으면서도 그렇게 건강한 상태로 출옥을 할 수 있는 거죠?"

당신도 치유될 수 있다

사람들의 질문에 넬슨 만델라는,

"나는 감옥에서 하나님께 감사했습니다. 하늘을 보고 감사하고 땅을 보고 감사하고 강제노동을 할 때도 감사하고, 늘 감사했기 때문에 건강을 지킬 수 있었습니다."

라고 답했다. 그 후 그는 노벨평화상을 받았고, 남아공 대통령에도 당선되었을 뿐 아니라 유엔 사무총장을 연임하기도 하였다.

존 밀러는 "그 사람이 얼마나 행복한가는 감사의 깊이에 달려 있다."고 했다. 감사하는 사람은 자신의 건강을 지킬 수 있고 행복도 이루어 낼 수 있다. 감사는 건강과 행복을 지키는 척도이다.

09 ⟋   불평 치료약

두 종류의 사람이 있다. 한 종류의 사람은 감사하는 사람이고, 한 종류의 사람은 불평하는 사람이다.

불평하는 사람은 어떠한 일에도 불평을 쉬지 않았다. 봄에는 황사 때문에 먼지가 많다고 불평했고, 여름에는 너무 덥고 모기가 많다고 불평했고, 가을에는 낙엽이 많이 떨어진다고 불평했고, 겨울에는 눈이 많이 오고 춥다고 불평했다.

그러나 감사하는 사람은 봄부터 겨울까지 늘 감사했다. 봄에는 꽃향기에 감사했고, 여름에는 시원한 나무그늘에 감사했고, 가을에는 탐스런 열매와 아름다운 단풍에 감사했고, 겨울에는 나무 가지에 하얗게 쌓인 눈꽃을 보며 감사했다.

불평도, 감사도 습관이다. 불평하는 사람은 언제나 행복 건너편에 살고 있기 때문에 결코 행복을 맛볼 수 없다. 그러나 감사하는 사람은 언제나 행복 안에 살고 있기 때문에 늘 행복을 맛볼 수 있다. 감사는 불평을 치료하는 약이다. 불평을 치료하기 위해 제이 데니스의 역설적 감사를 소개한다.

만일 당신이 많은 세금을 내야 한다면 감사하라. 당신에게 안정된 직장과 사업장이 있다는 말이다.

당신의 몸무게가 늘어 옷이 맞지 않는다면 감사하라. 당신은 먹을 것이 넉넉한 인생을 지금까지 살아온 것이다.

세탁할 옷이 집안 한구석에 쌓여 있다면 감사하라. 당신에게는 적어도 갈아입을 옷의 여유가 있다는 뜻이기 때문이다.

집에 대청소가 필요하고, 문고리를 갈아야 하고, 창문을 갈아야 한다면 감사하라. 당신의 몸을 위탁할 집이 있다는 뜻이다.

당신이 멀리라도 주차할 수 있는 공간이 있다면 감사하라. 당신에겐 잠시라도 운동할 기회가 주어졌기 때문이다.

당신에게 불평할 대통령이 있다면 감사하라. 당신은 자유롭게 평가할 수 있는 나라에 살고 있기 때문이다.

당신도 치유될 수 있다

교회 뒷자리에 앉은 교인의 찬송가 음정이 틀리게 들린다면 감사하라. 당신의 청각이 정상이기 때문이다.

아침에 자명종 소리가 고통스럽게 들리거든 감사하라. 당신에겐 일할 수 있는 새로운 하루가 다가오고 있기 때문이다.

하루해가 저물어 온몸이 나른하고 피곤하거든 감사하라. 당신은 오늘 하루를 생산적인 일을 했기 때문이다.

감사하면 기쁨이 넘치며 감사하면 언제나 생기가 있다. 감사하면 우울증이 치유되고 걱정 근심이 없어지며 고통과 분노가 사라진다. 감사하면 부족함을 받아들일 수 있고, 지금 이 순간을 소중하게 여기게 된다. 감사하면 상처를 받더라도 사랑하며 무엇이든지 나누어 주고 싶어진다. 감사하면 모든 생명체와 교감할 수 있으며, 평범한 일상도 은총으로 받아들인다.

이것이 바로 감사의 힘이다. 감사하면 불평이 사라지고 모든 아픔이 치료되고 회복된다. 감사는 테라피이며 치유와 회복이며 행복이다.

10 ╱ 최후의 한마디

나는 항암 치료를 받고 요양하며 건강이 회복된 후 호스피스 자원봉사자 교육을 받은 적이 있었다. 교육 중 마지막 날 임종 체험 시간이 있었다. 미리 써 놓은 유언장을 읽고 수의를 입고 관 속에 들어가 5분 동안 임종을 체험하는 프로그램이다.

그 후부터 가끔 임종의 순간을 생각해 본다. 과연 나는 임종의 순간에 무슨 말을 하게 될까? 어떤 모습으로 임종을 맞이하게 될까? 나는 장기기증을 약속하였다. 살아 있는 동안에도 남에게 베풀며 살고, 죽어서도 장기기증으로 귀중한 생명을 살리고 싶다.

독일의 한 중년 기독교인이 대학병원 수술실에서 혀암 때문에 혀를 절단하는 수술을 받게 되었다. 마취 주사를 손에 든 의사가 잠시 머뭇거리더니, 환자에게 물었다.

"마지막으로 남길 말씀은 없습니까?"

앞으로 하고 싶은 말을 글로 쓸 수는 있겠지만, 혀로 직접 말하는 것은 마지막 기회였기 때문이었다. 의사와 간호사 등 그 환자를 둘러선 모든 사람들의 표정과 분위기는 숙연했다.

잠시 침묵과 긴장의 시간이 흘렀다. 저마다 만일 내가 이 환자라면, 과연 누구의 이름을 부르고 어떤 말을 할 것인가를 생각했다.

드디어 환자는 눈물을 흘리며 최후의 한마디를 남겼다.

"주 예수여, 감사합니다."

하나님께 감사하는 최후의 한마디로 인생의 한 단락을 아름답게 매듭지은 것이다. 이 감사는 하나님의 사랑을 알고 있는 사람만이 할 수 있는 신앙고백이다. 이런 사람은 비록 세상에서 환난을 당해도 살아 있음을 노래하며 소망에 찬 삶을 살아갈 수 있다. 어떠한 악조건 아래서도 감사의 마음을 갖는 것이 진정한 감사 생활이라고 할 수 있다.

만일 나는 이런 상황이라면 어떤 말을 남길까?

4장

러브
테라피

세상에는 좋은 양약이 많이 소개되어 있다.

우리는 의약품과 치료법에 그토록 매료되지만 가만히 생각해 보면

우리 인간에게 가장 오래된 약은 사랑이며 수천 년 동안 그래 왔다.

사랑은 못 고칠 병이 없는 최고의 명약이다.

이 세상에 사랑보다 더 좋은 보약,

더 좋은 치료약은 없다.

01 / 러브 테라피란

피카소는 "사랑은 삶의 최대 청량제이자 강장제이다."라고 했다. 사랑은 인생을 아름답게 하며 사랑은 삶에 활력을 주는 활력소이며 사랑은 힘의 원천이다. 주님의 사랑이 우리를 치유하셨고 채찍에 맞음으로 우리는 나음을 입었다. 하나님은 사랑이다. 사랑은 허다한 죄를 덮어 준다(벧전 4:8).

사람의 뇌에서는 여러 가지 뇌파가 나오는데, 깨어 있는 낮 동안에는 우리 몸에 해로운 베타파가 나온다. 이것은 100% 사람에게 스트레스를 주는 뇌파이다. 그래서 아무리 좋은 것을 먹고 듣고 본다고 할지라도 남는 것은 스트레스와 피곤뿐인 것이다.

반면, 밤에 잠을 자는 동안에는 알파파가 나온다. 그러면 엔도르핀이라는 호르몬이 분비되는데, 이것은 피로를 회복하고 병균을 물리쳐 질병을 치료하는 기적의 호르몬이다. 그래서 잠을 푹 자고 나면 저절로 병이 낫기도 하고 기분도 좋아지는 것이다.

그런데 깨어 있을 때에도 알파파가 나올 때가 있다. 다름 아닌 사랑할 때이다. 사랑할 때 마음이 흐뭇하고 기분이 좋은 것은 뇌 속에서 알파파가 나오면서 동시에 엔도르핀이 분비되기 때문이다.

2003년도에 발견된 호르몬 중에 '다이돌핀'이라는 것이 있다. 엔도르핀이 암을 치료하고 통증을 해소하는 효과가 있다는 것은 이미 알려진 이야기지만, 이 다이돌핀의 효과는 엔도르핀의 4,000배라는 사실이 발표되었다.

그럼 이 다이돌핀은 언제 우리 몸에서 생성될까? 바로 감동받을 때이다. 좋은 노래를 들었거나 아름다운 풍경에 압도되었을 때, 전혀 알지 못했던 새로운 진리를 깨달았을 때, 감사할 때, 엄청난 사랑에 빠졌을 때 우리 몸에서는 놀라운 변화가 일어난다.

전혀 반응이 없던 호르몬 유전자가 활성화되어 엔도르핀, 도파민, 옥시토신, 세로토닌, 다이돌핀이라는 아주 유익한 호르몬들을 생산하기 시작한다. 이 호르몬들이 우리 몸의 면역체계에 강력한 긍정적 작용을 일으켜 암세포를 공격한다. 그 효과는 대단하다.

미국의 정신의학자인 칼 메닝거 박사는 "사랑은 사람을 치료한다. 사랑하는 사람과 사랑받는 사람 모두를…."이라고 했다. 사랑은 가장 훌륭한 기적의 치료제이다. 우리 자신을 사랑하는 것은 우리 삶에 기적을 일으킨다. 그래서 나는 이를 '러브 테라피'라고 말한다.

02 ╱   에드워드 병원

필자가 하는 강의는 행복 강의이지만, 단순한 행복 강의가 아니라 테라피 강의이다. 웃음 테라피, 감사 테라피, 러브 테라피, 나눔 테라피 등의 강의를 한다. 그래서 육체적 아픔은 물론이거니와 마음의 상처와 정신적인 고통과 삶을 치유하는 데 초점을 맞추고 있다.

그래서 강의를 듣는 사람들이 받은 상처에서 치유되고 회복되어 기뻐하고 행복해하는 모습을 볼 수 있다. 이것은 강의에 노하우가 있기 때문이 아니라, 하나님이 나에게 주신 은혜요 지혜요 축복이다. 이 테라피는 하나님이 주신 지혜로 만들어진 것이기에 대한민국 국민이라면 남녀노소 빈부귀천을 막론하고 누구에게나 적용되고 감동받을 수 있는 치유법이다.

사랑은 서로 아끼고 서로 위하며 한없이 서로 베풀어 주고 이해하며 참아 주는 것이다. 사랑은 육체의 건강을 회복시켜 주기 때문에 사랑하면 몸이 건강해진다. 사랑은 생명이며 행복이다.

미국 뉴욕에 에드워드라는 기독교 병원이 있다. 이곳에서는 어린아이들을 치료하는데, 다른 병원에서는 고치지 못하는 병을 다 고친다고 한다. 많은 의사와 제약회사들이 그 비결을 묻자, 그 병원의 에드워드라는 의사는 답했다.

"우리가 쓰는 약은 T. L. C입니다."

그렇지만 이 약은 처음 들어 보는 이름이었다. 에드워드 의사가 이 약에 대한 설명을 이어 갔다.

"T. L. C는 Tender, Love, Care의 약자로 '부드러운 사랑으로 치료

를 한다.'는 뜻입니다. 약 한 알을 줄 때도 사랑의 마음으로 부드럽게 치료하면 효과가 더 크답니다."

그곳에 모였던 사람들은 깊은 깨달음을 얻게 되었다. 그래서 그 의사의 이름을 따서 '에드워드 기독교 병원'이라고 불렀다.

건강이 좋지 않다면 사랑을 함으로써 아픔이 서서히 사라지고 건강해질 수 있다. 사랑은 받는 것도 즐거워서 건강에 좋은 영향을 미치지만, 사랑을 줌으로써 얻는 사랑의 기쁨은 더욱 커서 어느덧 아픔도 도망간다.

아무리 몸이 아픈 사람도 사랑을 얻으면 기적이 일어나는 경우도 있으며, 반면 사랑의 상실로 병들어 쇠약해지는 사례도 우리는 많이 알고 있다. 그러니 좋은 사랑을 아끼지 말고 열심히 사랑해야 할 일이다.

03) 　　　　사랑은 사람을 치료한다

갑자기 말로 표현할 수 없는 불행한 일을 당한 사람이 있다고 하자. 무슨 말로 위로가 되겠는가? 그 어떤 말도 그에게 위로가 되지 않는다. 이럴 때 말없이 그냥 꼭 껴안고 그의 슬픔을 함께 나누면 마음의 상처가 치유되는 것을 볼 수 있다. 물론 그 사랑이 그리스도의 사랑이라면 더할 나위 없을 것이다.

1962년 미국의 캔자스 주립병원에서 많은 사생아가 마라스머스 병으로 죽어 가고 있었다. 이때 병원에 마침 칼 메닝거 박사와 밀링거 박사가 새로 부임해 왔는데, 두 사람은 애정 결핍이 큰 질환을 초래한다고 판단했다.

그래서 두 사람은 사생아들의 뺨에 자신들의 뺨을 대기도 하며 그들과 같이 놀아 주었다. 예수 그리스도의 사랑을 통해 사생아들을 극진히 사랑해 준 것이다. 그리고 모든 직원에게 아이들을 두 시간에 한 번씩 안아 주고 사랑해 주도록 처방을 내렸다. 그러자 많은 어린이들이 용기와 꿈을 얻었고 마침내 회복되기 시작하였다.

사랑은 사람을 치료한다. 사랑으로 안아 주자. 마음의 병을 치유하는 최고의 묘약은 사랑이다. 사랑은 육체의 질병뿐만 아니라 마음의 상처와 정신적 질병과 환경의 아픔을 치료하는 치료제이다.

사랑의 힘은 사람을 살린다. 백 마디 위로의 말보다 사랑의 힘은 탁월하다. 진정으로 사랑하면 눈을 맞추는 것도, 손을 잡아 주고, 어깨를 두드려 주고, 심장을 맞대는 포옹과 쓰다듬어 주는 그 모든 사랑의 행위는 우리를 살게 한다. 사랑은 닫힌 마음을 열어 주고 슬픔을 치료하며 두려움을 치료하는 최고의 명약이다.

03 / 사랑의 방정식

　헨리 데이비드 소로우(Henry David Thoreau, 1817~1862)는 "더 많이 사랑하는 것 외엔 다른 사랑의 치료약은 없다."고 했다. 사랑에는 한 가지 법칙밖에 없다. 그것은 사랑하는 사람을 행복하게 만드는 것이다.

　프린스턴 대학교 교수인 존 내쉬(John Nash, 1928~2015)는 천재적인 수학자이다. 한때 국가를 위해 소련의 암호를 해독했던 그는 늘 누군가에게 쫓긴다는 압박감을 가지게 되고 결국에는 정신분열증에 시달렸다.

　그는 정신병원에 감금된 채 폐인과 같은 나날을 보냈다. 그러나 부인 엘리사는 남편을 포기하지 않고 끊임없는 사랑으로 남편의 회복을 위해 노력했다. 그 사랑으로 존 내쉬의 건강은 회복되었고, 다시 강단에 서게 된다.

　이후 그가 젊었을 때 연구한 내쉬 균형이 현대 경제학에 미친 공로를 인정받아 노벨 경제학상을 수상하게 되었다. 수상식에서 존 내쉬는 소감을 이같이 밝혔다.

　"저는 어떤 논리나 이성으로 풀 수 없는 사랑의 신비한 방정식을 발견했습니다. 저는 아내 때문에 여기에 서 있습니다. 당신은 내 모든 존재의 이유입니다."

영화보다 더 영화 같은 실화 영화 〈뷰티풀 마인드〉의 스토리이다.

사랑의 방정식은 천재 물리학자 아인슈타인도 만들어 냈다. 그의 물리학 수업 도중 그에게 한 학생이 질문을 던졌다.

"박사님은 모든 물체 사이에 작용하는 상대성 원리도 발견하시고 수식화하셨는데, 사람들 사이에 오가는 사랑도 방정식으로 표현하실 수 있습니까?"

아인슈타인은 곧바로 그 자리에서 칠판에 사랑의 방정식을 완성시켜 나갔다.

"Love=2□+2△+2○+2V+8〈"

그리고 아인슈타인은 사랑에 대해 이같이 말했다.

"가지 않으면 안 될 길을 마지못해 떠나가며, 못내 아쉬워 뒤돌아보는 그 마음. 갈 수 없는 길인데도 따라가지 않을 수 없는 간절한 마음. 그 마음이 바로 사랑입니다."

우리가 살아가는 삶의 현실에는 해결할 수 없는 수많은 문제들이 있고 아픔이 있지만, 그 아픔과 문제들은 오직 사랑의 방정식으로만 풀수 있고 치유할 수 있음을 말해 주고 있다. 하나님은 사랑이시며 예수님도 사랑을 강조하시고 세상에 무엇보다 소중하고 제일 먼저는 사랑이라고 했다.

아주 특별한 처방전

미국 데일리뉴스의 예방의학 전문가인 피터 한센 박사는 『건강을 위한 보고서』에서 건강을 유지하는 3대 비결을 발표했다. 첫째는 균형 잡힌 음식, 둘째는 규칙적인 운동이고, 셋째는 술, 담배, 과로, 수면 부족 등 해로운 습관을 버리는 것이다.

그러나 피터 한센은 이 세 가지는 건강을 지키는 절반의 방법에 불과하다고 덧붙였다. 그리고 나머지 50%의 건강 관리법은 바로 '사랑'이라고 말했다.

사랑을 하면 신체의 저항력이 강해져 병균을 물리치는 힘이 생긴다. 사랑한다는 것은 도덕적 문제가 아니라 건강상의 문제이기도 하다. 사랑하면 몸은 건강해지고 마음은 행복을 느낀다.

어느 저명한 소아과 전문의는 체중 미달의 연약한 어린이를 치료하는 특별한 방법을 알고 있었다. 그는 병원에서 회진할 때 아이의 진료 기록표에 다음과 같은 아주 특별한 처방을 써 놓는다.

"이 아기는 세 시간마다 사랑을 받아야 함."

애정이 필요한 것은 갓 태어난 아기뿐만이 아니다. 모든 인간은 다 사랑받고 싶어 한다. 의사들은 신체적 질병의 대부분이 불안이나 고독, 그리고 버림받는다는 느낌에 기인한다는 데 의견이 일치한다. 영

　　　　　　　　　　　　　　　　당신도 치유될 수 있다

적 문제에 있어서도 마찬가지이다. 이웃을 사랑할 때 힘이 생겨난다.

　예수님께서 우리를 사랑하시는 그 방법으로 우리도 이웃을 사랑해야 한다. 하나님을 사랑할 수 없는 사람은 하나님께로부터 오는 사랑을 느끼지 못한다.

　사랑은 최선의 양약이다. 사랑보다 좋은 약은 없다. 사랑하라. 무조건 사랑하라. 사랑할 수 없는 사람도 사랑하라. 사랑이라는 약이 들지 않을 때는 사랑이라는 약을 배로 늘리면 된다. 아무리 아픈 일이 있어도 주님께서 우리에게 주신 그 사랑으로 감싸 안으면 아픔도 치료된다.

　하나님은 사랑이다. 가장 좋은 치료법의 근원인 사랑의 본체가 바로 하나님이시다. 신앙이란 이 완전한 사랑을 받아들이는 것이다.

06 　　　　세상에서 가장 좋은 약

　의술은 점점 발달하는데도 질병은 사라지지를 않는다. 질병은 수를 헤아릴 수 없을 만큼 많다. 병원마다 온갖 질병과 사고를 당한 사람들로 항상 초만원이다. 이 문제를 어떻게 해결할 것인가?

　사랑하면 건강해지고 사랑받으면 건강해진다. 사랑하면 장수하고 사랑받으면 장수한다. 사랑은 건강의 비결인데, 사랑하면 마음이 편해지고 모든 세포가 정상적으로 움직이게 된다. 사람도 동물도 식물도 사랑을 먹고 자란다.

남아프리카의 어느 고아원에서 있었던 일이다.

언제부턴가 고아원 아이들이 모두 시름시름 앓기 시작했다. 얼굴에 웃음은 사라지고, 점점 기운이 빠져 죽는 아이들도 생겼다. 의사들은 아이들의 온몸 구석구석을 살피며 건강 상태를 점검했다.

그런데 소변 검사와 엑스레이 등 여러 가지 검사를 해 보았지만 특별한 이상을 발견하지는 못했다. 그리고 고아원 시설도 살펴보았지만 병을 일으킬 만한 특별한 것을 발견해 내지는 못했다.

"도대체 알 수가 없군요!"

결국 의사들은 원인 불명이라는 결과를 유엔에 보고하고 고아원을 나섰다.

그런데 돌아오는 길에 한 의사가 고개를 갸웃거리며 말했다.

"혹시 정신적인 문제가 아닐까요? 만약 사랑이 부족하다면… ."

의사들은 다시 한 번 고아원을 찾아가 고아원의 생활을 살펴보았다. 그 고아원에서 일하는 사람들은 아이들을 먹이고 재우기만 할 뿐이었다. 의사들은 의논 끝에 아이들의 병을 고칠 수 있는 처방을 내렸다.

"이 세상에서 가장 좋은 약은 바로 사랑입니다. 그러므로 하루에 세 번씩 안아 주고 키스해 주며 귀여워해 주십시오."

고아원에서 일하는 사람들은 스스로를 반성하며 의사의 처방대로

당신도 치유될 수 있다

아이들을 돌보았다. 그러자 아이들은 언제 앓았냐는 듯 금세 기운을 차리고 웃는 얼굴로 회복되었다. 그 뒤로 그런 증상을 보이는 어린이는 단 한 명도 없었다.

사랑은 이 세상에서 가장 좋은 약이다. 사랑해 주고 안아 주고 스킨십을 하라. 이 세상에서 최고의 명약은 사랑이다. 죽어 가는 사람을 살릴 수 있기 때문이다. 사랑이 없으면 희망은 사라지고 절망과 한숨이요 몰려오는 스트레스로 가슴이 답답하여 숨이 막혀 버릴 것 같다. 사랑을 받으면 막힌 숨결이 트이고 외로움과 스트레스가 한 방에 날아가 버린다. 사랑은 확인할 수 있는 이 세상에서 가장 효과 빠른 최고의 명약이다.

07 / 사랑의 힘

영국의 시인 로버트 브라우닝(Robert Browning, 1812~1889)은 "사랑은 인생의 최상의 것이며 인생의 불꽃이 가장 뜨겁게 연소하는 것이다. 사랑은 하나님이 인간에게 부여한 가장 아름답고 가장 강렬하고 향기로운 선물이다."라고 했다. 예수 그리스도께서 우리에게 주신 새로운 계명이 사랑이다. 참된 사랑의 힘은 인간의 어떤 병이라도 치료할 수 있다.

2010년 6월 9일, 호주 애들레이드의 한 종합병원. 임신 27주의 산모는 산부인과에서 초음파 검사를 받던 중 의사로부터 놀라운 말을 듣는다.

"오늘 아기들이 태어날 수도 있습니다. 그런데 27주밖에 안 되어 쌍둥이 자매는 태어나자마자 죽을지도 모릅니다."

그렇게 27주 만에 쌍둥이 동생 릴리는 390g, 언니 썸머는 그보다 약간 큰 840g의 무게로 태어났다. 조산한 탓에 둘 다 체중 미달이었다. 시간이 지날수록 더 작게 태어난 릴리의 상황은 더 나빠져만 갔다.

"마음의 준비를 하세요."

의사의 말에, 부부는 울면서 마지막으로 두 자매를 한 인큐베이터에 넣어 달라고 했다.

그런데 정말 놀라운 일이 벌어졌다. 생명이 위태로웠던 동생 릴리가 언니 썸머를 끌어안자, 썸머가 릴리를 꼭 감싸 안은 것이다. 제 몸도 제대로 가누지 못하는 갓난아기였지만 동생을 향한 애틋한 사랑으로 힘을 나누어 주려는 듯 말이다.

그렇게 6년의 세월이 흘렀다. 만성 폐렴 등 여러 질병으로 여전히 건강이 좋지 않지만, 두 자매의 기적은 계속되고 있었다.

이처럼 진정한 사랑은 죽어 가는 생명도 일으키는 힘을 가지고 있다. 오늘도 지치고 힘든 하루를 살고 있는가? 사랑하는 가족과 사랑을 주고받으면서 포용해 보자. 주변 사람들과 사랑을 주고받아 보자. 분명 힘이 날 것이다. 더 많이 사랑하고, 더 많이 사랑받아 보자.

당신도 치유될 수 있다

사랑이 넘치는 가정

필자의 가족은 네 식구인데, 모두 직장인이기에 함께 시간을 내기가 무척 어렵다. 하지만 쉬는 날이면 함께 여행하고 외식하며 쇼핑하고 마트도 간다. 직장에서 받는 스트레스와 상처들을 가정에서 사랑과 화목과 교제로 치료하고 풀기 위해서이다.

우리 가족은 나와 아내 그리고 두 딸들과 함께 오순도순 단란하게 살고 있는 작은 천국이다. 나는 가족이 있어 너무나 행복하다. 나는 가정의 왕이며, 사랑하는 아내는 왕비이고, 딸들은 공주들이다. 우리 가정은 하나님을 만왕의 왕으로 모신 궁전이며 그 무엇이 부럽지 않는 행복한 천국을 누리며 살고 있다.

어느 가족의 일화이다.

아버지는 종종 가슴이 답답하고 현기증을 느끼곤 하였다. 어느 날 증세가 심해져 병원에 입원하게 되었는데, 병원에서도 정확한 원인을 발견하지 못했다. 결국 아버지는 몇 가지의 약봉지를 받아 들고 집으로 돌아와 안정을 취해야 했다.

그러던 중 명절이 되어 외지에 살던 자녀들과 온 식구들이 한 집에 모이게 되었고, 오랜만에 이런저런 사는 이야기로 화기애애한 분위기가 밤늦게까지 계속되었다. 한참을 웃고 즐기는 가운데 아버지는 말씀하셨다.

"오랜만에 한참을 웃었더니 병이 다 나은 듯하구나."

그렇다. 가족 사랑보다 더 좋은 약은 없다. 온 가족의 웃음소리 그리고 사랑이 아버지의 병을 낫게 한 것이다.

가정은 작은 천국, 미리 맛보는 천국이이라고 하지 않았는가?
용서와 사랑으로 천국 가정을 가꾸어 기쁨이 넘치고 사랑이 넘쳐나는 행복한 가정을 이루자.
가정은 서로 돕고 위로하며 아픔을 어루만져 주는 가장 확실한 병원이요 약국이다. 가정은 서로의 피로를 풀어 주며 세상에서 받은 상처를 싸매어 주고 사랑의 연고를 발라 주는 사랑의 찜질방이요, 인생의 안식처이다.

09 손으로 하는 사랑의 대화

사람들은 우리 부부를 보면 오누이처럼 닮았다고 한다. 처음 결혼할 때는 닮은 것이 없다고 생각했는데, 37년을 넘게 같이 살다 보니 내가 생각해도 참 많이 닮은 것 같다. 나이가 들어서도 금실 좋은 부부를 보면 갓 결혼한 신혼부부보다 더 좋아 보일 때가 있다. 오랜 세월을 함께 하면서 서로를 이해해 주고 서로 보듬어 주며 평생의 반려자로 살았기에 얼굴도 인상도 모습도 닮아 있다.

어느 마을에 마치 젊은 연인처럼 손을 꼭 붙잡고 다니는 다정한 노부부가 살았다. 그러던 어느 날, 아내가 갑자기 뇌졸중으로 쓰러져 의식을 잃고 말았다. 중환자실에 있는 아내는 호흡만 붙어 있을 뿐, 죽을 날만 손꼽는 상황이었다.

그동안 경황이 없던 남편은 아내에게 하지 못한 일이 생각났다. 그것은 바로 손을 잡아 주는 것. 남편은 얼른 아내의 손을 붙잡고 엄지손가락을 펴서 '꼭 꼭 꼭' 하고 세 번을 눌러 주었다. 이는 전부터 늘 하던 둘만의 신호로, '사랑해'를 말하는 것이다.

순간 아내의 손가락이 서서히 움직이더니 '꼭 꼭' 하고 남편의 손등을 누르며 반응했다. 두 번 누르면 '나도'라는 뜻이었다.

그때부터 남편은 하루도 빠짐없이 아내 손을 붙잡고 계속해서 '꼭 꼭 꼭' 누르며 대화했다.

"꼭 꼭 꼭(사랑해)."

"꼭 꼭(나도)."

손으로 사랑을 느끼고 힘겹게나마 조금씩 반응하던 아내의 손에 점점 힘이 들어갔고, 얼마 뒤 놀랍게도 의식이 돌아왔다. 사랑이 죽어 가던 생명을 구해 낸 것이다.

나는 늘 아내의 손을 잡고 다닌다. 평지를 운전할 때면 한 손으로 아내의 손을 잡고 운전할 때도 있다. 손을 잡고 다니므로 서로의 사랑을 확인할 수 있다. 서로에 대한 친밀감을 느끼고 몸으로 사랑을 표현하는 것이다. 이것이 우리 부부가 건강하고 행복한 또 하나의 비결이기도 하다.

10 / 절망에서 벗어나는 비결

절망에서 벗어나는 비결이 무엇인가?

나보다 더 어려운 사람을 돕는 것이다. 나는 봉사를 많이 했다. 다른 사람을 돕고 봉사하다 보면 어느덧 내 안이 주님의 사랑으로 가득 채워지고, 그 사랑으로 건강하고 행복해지는 것을 느낄 수 있다.

스탠퍼드대학교 의학과 케네스 펠레티에 교수는 아주 건강한 삶을 살고 있는 사람들을 대상으로 그 비결을 조사했다. 처음에 그는 돈, 식사습관, 운동 같은 물질적인 것이 건강의 조건일 거라고 생각했다.

하지만 조사 결과는 전혀 달랐다. 건강의 핵심 요소는 마음가짐이었던 것이다. 특히 사람들을 진실하게 사랑하고 섬기는 것이 건강 비결이었다.

30여 년간 남부럽지 않게 행복하게 살아온 가정이 있었는데, 어느 날 갑자기 남편을 교통사고로 잃었다. 아내는 허탈감에 빠졌다. 그런데 설상가상으로 스무 살 난 아들마저 갑자기 병으로 죽고 말았다. 이제 그녀는 잠도 제대로 이룰 수 없었다.

병원에서 수면제를 권하여 먹어도 아무 소용이 없었다. 그녀는 피폐해진 나머지 곧 정신을 놓아 버릴 지경에 놓였다. 의사도 어찌할 도리가 없다고 판단하였다.

그러던 어느 날, 폐인이 된 그녀에게 신부님이 찾아왔다.

"정신박약 아이들을 돌보고 있는 수녀원에서 잠시 지내보시는 건 어떨까요?"

그날부터 그녀는 수녀원에서 정신박약 아이들을 위해 봉사하는 일을 맡게 되었다. 아침 일찍 일어나 아이들을 깨워 목욕을 시킨 후 옷을 입히고, 운동시키고, 음식을 먹이고…. 한시도 쉴 틈이 없는 생활이었다. 하나의 일과가 끝나면 또 다른 일과가 그녀를 기다리고 있었다. 피로가 쌓였지만 아랑곳하지 않고 아이들을 돌보았다.

그러는 동안 그녀의 마음속은 그 아이들에 대한 사랑으로 가득 차게 되었고, 어느새 예수님의 사랑으로 충만해졌다. 그녀는 몸도 마음도 정신도 영적으로도 건강해져 있었다. 사랑의 힘은 이 세상 모든 것을 이긴다는 것을 그제야 비로소 깨닫게 되었다.

사랑은 위대하다. 사랑은 기적을 이룰 수도 있다. 그 어떠한 병도 사랑으로 치유될 수 있다. 지금 사랑하고 사랑받고 있다면, 당신도 기적의 주인공이 될 수 있다.

11) 사랑이라는 치료제

필자는 러브 테라피 강의를 한다. 내가 말하는 러브 테라피 사랑 치료는 부작용이 없는 치료 방법이다. 한약이나 양약이나 인간이 만든 약은 다 부작용이 있다. 그러나 하나님이 주신 치료제 사랑은 부작용이 없다. 그 약의 효과는 인간의 상상을 초월한다.

스티븐 포스트라는 청년에게는 알츠하이머에 걸린 할머니가 있었다. 알츠하이머는 모든 것을 잊어버리게 하는 참으로 무서운 병이다. 결국 할머니는 알츠하이머로 돌아가셨고, 청년은 이후 열심히 공부하여 의사가 되었다. 알츠하이머를 집중적으로 연구하기 위해서였다.

연구를 진행하던 그는 환자들의 가족을 통해 주는 사랑이 얼마나 놀라운 힘을 가지고 있는지를 깊이 깨닫게 되었다. 그래서 '주는 사랑의 효과를 연구하는 연구소'를 설립했고, 사랑은 받는 사람뿐만 아니라 주는 사람에게 더 많은 유익을 준다는 연구 결과를 발표했다.

"심장병을 예방하는 아스피린의 효과는 잘 알려져 있습니다. 그런데 최근 연구에서 아스피린보다 두 배나 더 효과가 좋은 약을 발견했습니다. 그것은 바로 사랑이라는 치료제입니다. 사랑을 캡슐에 넣어 팔 수 있다면 제약회사들은 획기적인 신약이 출시되었다고 광고했을 것입니다."

당신도 치유될 수 있다

사랑은 그 어떤 약물이나 외과 수술 이상의 치료 효과를 발휘한다. 사랑은 아스피린보다 더 좋은 치료제이다. 사랑은 웃음과 감사와 함께 만병통치약과 같다. 사랑은 하나님이 주신 최고의 치료제이다. 하나님은 사랑이시고, 사랑이 있는 그곳에 하나님이 계신다. 하나님이 계신 곳에 치유의 역사는 일어난다. 이것이 바로 필자가 말하는 러브 테라피이다.

5장

나눔
테라피

"저는 인생을 살면서 이렇게 행복한 삶이 있는지를 몰랐습니다.

나누는 삶의 행복을 알게 된 것입니다.

인생 전반기 55년은 쫓기면서 불행하게 살았지만,

후반기 43년은 참으로 행복하게 살았습니다."

_존 D.록펠러

01 / 나눔 테라피란

암을 치유하는 방법 중에 대체의학에서 '구제봉사 요법'이라는 것이 있다. 암 투병으로 힘들고 어려운 가운데에서도 나보다 더 어렵고 힘든 사람을 섬기면 호르몬의 밸런스가 좋아지고, 그로 인해 면역력이 높아져 건강해질 수 있다는 이론이다.

선행(善行)이 면역력 증강에 영향을 미치는 과정을 살펴보면 다음과 같다. 선행은 부교감신경의 스위치를 켠다. 부교감신경이 활성화되면 혈관이 이완되고 침 분비량이 증가하는데, 이때 침 면역항체도 함께 많아진다. 직접 경험이든 간접 경험이든 마찬가지다.

그리고 선행은 심혈관 질환과 대사증후군을 예방하는 효과도 있다. 세로토닌과 옥시토신의 분비를 촉진하기 때문이다. 선행은 세로토닌, 옥시토신, 행복 호르몬을 생산하는 최고의 수단이다.

우리가 삶의 현장에서 이웃을 잘 섬기면 영적·정신적인 축복이 있다. 우리가 진정으로 사랑하고 희생하면 우리의 몸은 더욱 건강해질 것이다. 오늘도 우리 몸속에 건강에 좋은 호르몬이 많이 분비되도록 우리의 이웃과 하나님을 기쁜 마음으로 사랑하며 섬겨 보자.

기부 연구가 더글러스 로슨 박사는 "나눔 활동이 생명 연장과 질병 예방에 도움을 준다."고 말한다. 나눔은 테라피이다.

02 주는 것이 받는 것보다 복이 있다

"주는 것이 받는 것보다 더 복이 있다."(행20:35)라는 말씀이 있다. 나누고 베풀면서 건강을 회복하고 참으로 행복해진 한 사람을 소개한다.

미국의 석유 왕 록펠러(John Davison Rockefeller, 1839~1937)는 매우 가난한 유년 시절을 보냈다. 그렇지만 열심히 노력하여 33세에 백만 장자가 되었고, 43세에 미국의 최대 부자가 되었으며, 53세에는 세계 최대 부자가 되었다.

그리고 55세에 그는 불치병에 걸리고 말았다. 명의란 명의는 모두 찾아가 봤지만, 모두들 한목소리로 남은 수명이 1년밖에 안 된다고 선고하였다. 몸이 좋지 않아 휠체어 신세를 지게 된 그가 최후의 검진을 위해 휠체어를 타고 병원에 들어섰을 때, 병원 로비에 걸려 있던 글이 눈에 들어왔다.

"주는 자가 받는 자보다 복이 있다."
그 글을 보는 순간, 그는 이제껏 자신이 살아온 삶에 대해 깊은 생각에 잠겼다.
'나는 지금껏 모으기만 했지, 남에게 줄 줄은 몰랐구나.'
마음속 전율에 눈물이 흘러 내렸다.
그때였다. 병원 로비에서 시끄러운 소리가 들려왔다. 다가가 보니, 한 어머니가 딸을 입원시켜 달라고 울면서 사정하고 있었다. 병원 측에서는 입원비가 없으면 입원이 안 된다는 입장을 내보였다. 록펠러는 곧 비서를 시켜 소녀의 병원비를 지불하는 대신, 자신이 지불한 사실을 모르게 하였다.

얼마 후, 은밀히 도운 소녀가 기적적으로 회복되어 퇴원하는 모습을 조용히 지켜보던 록펠러는 "저는 인생을 살면서 이렇게 행복한 삶이 있는지를 몰랐습니다. 나누는 삶의 행복을 알게 된 것입니다."라고 후에 자신의 자서전에서 고백했다.

그때부터 그는 나누는 삶을 살기로 마음먹고 록펠러 재단을 설립하였다. 그와 동시에 신기하게도 그의 병이 치료되기 시작하였다.

그 뒤 그는 98세까지 살면서 나누는 일에 인생을 바쳤다. 그에게는 '석유 왕' 대신 '자선 왕'이라는 새로운 별명이 붙었다. 그리고 말년에 그는 인생 전반기 55년은 쫓기면서 불행하게 살았지만 후반기 43년은 참으로 행복하게 살았노라고 밝혔다.

"주라 그리하면 너희에게 줄 것이니 곧 후히 되어 누르고 흔들어 넘치도록 하여 너희에게 안겨 주리라."(눅6:38)

주는 것이 더 큰 복이며 그런 삶이 아름답고 행복하다는 것이다. 삶은 나누는 것이 행복이고 기쁨이다. 나누며 사는 삶을 살아 보라. 그러면 건강해지고 행복해진다. 물질이 있는 사람은 물질을 나누고, 재능이 있는 사람은 재능을 나누고, 건강한 사람은 몸으로 봉사해 보라. 세상이 아름다워진다. 나눔이 곧 건강의 비결이고 행복의 비결이며 축복받는 비결이다.

영원히 남은 이름

받는 사람은 감동을 주지 못하지만 주는 사람은 감동을 준다. 움켜
쥐려고 하는 사람이 감동을 준 이야기는 없다. 없어도 주고 또 주고 희
생하는 사람이 감동을 준다. "봉사를 주로 한 사업은 흥하고, 이득을
주로 한 사업은 쇠한다."는 헨리 포드의 말이 있다.

세브란스 병원은 우리나라에서 최초로 세워진 병원이다. 그 병원이
세워질 때의 감동적인 일화가 전해진다.
에비슨 선교사는 당시 한국에서 선교 활동을 하고 있었다. 그런데
풍토병으로 건강이 악화되어 병원을 찾았으나 한국에는 병원이 없어
캐나다로 요양하러 떠났다.
그는 한국에 당장 필요한 것은 일시적인 구제품을 나누어 주는 것이
아니라 영구적인 병원을 세우는 것이라는 생각을 하게 되었다. 에비슨
선교사는 한국에 병원을 세우기로 결심하고, 한국인의 건강을 위한 중
보기도를 하기 시작하였다.

그러던 어느 날, 고오든이라는 건축설계사가 그를 찾아왔다.
"제가 설계도를 무료로 그려 드리겠습니다."
에비슨 선교사는 그 설계도를 받아 들고, 건축 자금을 모금하러 다
녔다. 한번은 미국 카네기 홀에서 한국에 병원을 짓기 위한 기도회를
가졌다. 그때 세브란스라는 청년이 나와서 말했다.

"저는 지난 1년 동안 어디엔가 필요한 곳에 병원을 짓게 해 달라고 기도하여 왔습니다. 하나님은 한국에 병원이 필요하니 1년 전부터 제게 그런 기도를 시키셨고, 또 선교사님을 만나게 하려고 저를 이곳에 보내셨나 봅니다. 그러니 제가 그 병원 지을 돈을 전부 대겠습니다."

1900년, 에비슨 선교사는 세브란스가 지원한 돈을 가지고 한국으로 다시 돌아왔다. 그리고 1902년 9월, 남대문 밖 복숭아골에 새 병원을 개원하고 '세브란스 기념병원'이라 이름 지었다. 오늘날의 세브란스 병원이 생기게 된 것이다.

지금 신촌 세브란스 병원 입구에 세브란스 흉상이 세워져 있는데, 거기에는 이러한 문구가 기록되어 있다.

"받는 당신들의 기쁨보다 주는 나의 기쁨이 더 큽니다."

이 말은 세브란스가 에비슨 선교사에게 병원 설립 기금을 주면서 한 말이다. 세브란스는 세상을 떠났으나, 그 이름은 영원히 남아 있다. 받는 자보다 주는 삶을 사는 사람들의 모습은 이처럼 오래도록 사람들의 마음에 기억된다.

나누고 베푸는 것은 공짜가 없다. 이 땅에서도 기억되지만, 하늘나라에서 기억되어 상급으로 갚아 주신다. 하늘나라에서의 상급은 예수와 한 생명 된 후 이 땅에서의 베푸는 선행으로 받기 때문이다. 베풀고 나누고 선을 행한 것이 없으면 받을 것이 없다. 왜냐하면 행한 대로 뿌린 대로 받고 거두기 때문이다.

04 / 마더 테레사 효과

죽음의 문턱에서 신의 마지막 은총을 갈구하는 사람들이 찾아가는 곳이 있다. 캘커타의 한 수도원이다. 그곳에는 주름진 얼굴에 허리가 굽은 작은 여인, 죽어 가는 이들에게 기꺼이 친구가 되어 주는 여인이 있다. 그들은 그녀를 만나기 위해 그 수도원을 찾는 것이다.

그녀는 버림받은 사람들과 병든 사람들의 상처를 씻겨 주고 아픔을 달래 주며 극진히 보살폈다. 바로 마더 테레사(Mother Teresa, 1910~1997)다.

"그들은 분명 필요한 사람이 되고 싶고 사랑받고 싶을 겁니다. 제게는 그들이 예수 그리스입니다."

지병인 심장병으로 죽는 순간까지도 "서로 사랑하라"는 말을 마지막 유언으로 남긴 그녀의 나눔과 사랑은 그가 남긴 24개국 5,604개의 자선센터를 통해 계속되고 있다.

1998년 하버드대 행동심리학자인 데이비드 맥클린트 교수는 한 가지 실험을 진행했다. 테레사 수녀의 봉사하는 영상을 보기만 해도 면역력이 높아질까 하는 것에 대한 실험이었다.

미국 하버드대에서는 학생 132명을 두 그룹으로 나눈 후, 한 그룹에게만 마더 테레사의 일대기가 담긴 영화를 50분간 보여 주었다. 그 결과, 영화를 보지 않은 그룹보다 영화를 본 그룹의 면역 항체 수치가 월

등히 높아져 스트레스 지수가 감소했다.

직접 봉사를 하지 않더라도 선행의 순간을 목격만 해도 면역 글로불린의 수치가 영화를 보지 않은 그룹보다 50% 이상 증가했다. 그리고 그 효과는 최소 며칠에서 최대 몇 주간 지속됐다. 이 놀라운 연구 결과로 인해 봉사하는 모습을 보기만 해도 신체에 긍정적 영향을 미치는 현상을 '마더 테레사 효과(Mother Teresa effect)'라 부르기 시작했다.

기부 · 봉사 · 나눔을 비롯한 선행의 효과는 자기만족과 같은 감정적 보상에 그치지 않는다. 나눔과 봉사를 통해 행복감으로 우울증이 치료되며 만족감까지 더해 준다. 면역력을 높여 건강까지 챙겨 주는 나눔 테라피의 힘이다.

05) 바이올린 선율의 기적

'뛰는 자의 쾌감'이라는 것이 있다. 일정 시간 힘차게 달리면 몸에서 엔도르핀과 도파민이 분비되어 쾌감을 느끼는 것이다. 조깅이나 마라톤을 하는 사람들이 그것을 계속하게 되는 이유 중 하나이다.

'돕는 자의 쾌감'이라는 것도 있다. 이는 미국의 심리학자 럭스(Allan Luks)가 만들어 낸 용어로, 자원 봉사자들의 95%가 남을 돕는 순간, 강한 쾌감을 느끼며 자신들의 건강 상태가 현저하게 좋다고 답한 데서

유래했다.

건강한 삶을 영위하는 데 건강식과 운동도 좋지만 남을 돕는 봉사가 그보다 더 좋다는 통계가 있다. 정기적으로 운동하는 것보다 성기석으로 봉사하는 것이 낫다는 결론이다.

민정이는 미국 뉴욕시 맨해튼에 위치한 공연예술학교인 줄리어드음대의 1차 입학시험에 합격했다. 줄리어드음대는 음악 천재들만 가는 것으로 유명해, 민정이는 기쁜 마음으로 2차 시험을 준비하고 있던 차였다.

그러던 중 골수암 말기 진단을 받고 다리를 잘라야 한다는 정밀판정을 받았다. 2차 시험도, 한쪽 다리도 모두 포기해야만 했다.

"목사님! 수술 날까지 한 달 남았는데 그동안 수요예배 찬양대와 협연해 하나님께 바이올린 선율로 찬양을 드리고 싶습니다."

"민정아, 그렇게 해라. 우리가 홍해를 만나지 않으면 무슨 기적을 보겠니? 하나님은 감기라고 잘 고치시고 암이라고 불가능하지 않다. 우리는 기도할 테니 너는 선율로 찬양해라."

그 후 수요예배 때마다 민정이의 바이올린 협연으로 찬양대 찬양이 끝나면 민정이의 앙코르 독주로 온 교우는 눈물로 하나님께 예배를 드렸다.

이후 민정이가 수술을 받으러 병원에 갔는데, 암은 흔적도 없이 사라지고 다리도 절단할 필요 없다는 진단을 받았다.

당신도 치유될 수 있다

줄리어드음대 총장에게 보내고 싶은 편지이다.

"내년에 민정이를 입학시켜 주십시오. 이 학생은 평생 바이올린을 전공하지 않을 수 없습니다. 바이올린 선율로 말기 골수암을 고친 아이이기 때문입니다."

간디는 "봉사를 위해 보낸 삶이 오직 열매 맺는 삶이다."라고 하였다. 다른 사람들을 위해 봉사하는 삶이야말로 가치 있는 삶이요 몸도 마음도 정신도 건강해지는 비결이다. 절망을 희망으로 바꾸는 것은 봉사의 삶이다.

06 ⎰ 봉사에 대한 선물

필자는 어릴 때부터 아주 병약하게 자랐다. 어머니가 16년 동안 속병을 앓고 있으면서 일곱째 막내로 나를 낳았기 때문이다. 아기였던 나는 어머니의 젖도 먹지 못한 채 암죽으로 생명을 부지해야만 했다. 어머니는 아기인 나를 바라보면서 당신을 5년만 살려 달라고 기도하였다고 한다.

나는 어릴 때부터 성인이 되어서까지 늘 잔병치레로 고생하며 살았다. 그래도 군 생활 3년이 가장 건강했던 것 같다. 그러나 지금은 봉사의 삶을 살면서 건강이 많이 좋아졌음을 느낀다. 전국 교도소와 군부대, 교회, 기업, 학교 등 다양한 곳을 다니며 강연 활동을 하고 있으니 말이다.

구세군의 창시자 윌리엄 부스는 어렸을 때부터 매우 허약했다. 청년 시절 병원을 찾았을 때, 의사는 충격적인 말을 했다.

"이런 몸 상태로 계속 과로하면 1년을 넘기기 어렵습니다. 휴식이 최고의 묘약입니다."

윌리엄 부스는 이후 규칙적인 생활과 사회 약자들을 돕는 봉사 활동에 전념했다. 그래서였을까? 1년을 넘기기 힘들다던 그는 83세까지 장수했다.

그의 아들 브람웰 부스도 마찬가지였다. 그는 다른 사람의 도움 없이는 계단을 오를 수도 없을 만큼 병약했다. 사람들은 그가 스무 살을 넘기기도 어려울 것이라며 혀를 찼다. 그러나 그도 73세까지 열정적인 삶을 살았다. 그의 삶은 봉사와 사랑 실천으로 채워져 있었다.

노동은 장수와 건강을 선물한다. 남을 위해 봉사하는 사람들은 대부분 건강하고 행복한 인생을 누린다.

앨런 룩스는 자신의 책 『치유하는 힘이 있는 선행』에서 봉사 활동이 치유의 힘을 갖고 있다고 피력한다. 그는 20개 단체에서 봉사 활동을 하는 3,000명이 넘는 자원봉사자들을 조사한 결과, 봉사를 하면 큰 행복감이 밀려오며 마음이 조용히 가라앉아 스트레스와 긴장이 풀린다

당신도 치유될 수 있다

는 것을 밝혀냈다.

미시건주 테쿰세 마을에서 실시된 연구에서는 "남을 도우면 수명이 연장된다."는 사실을 확인시켜 주었다. 10년 동안 2,700명을 조사한 결과, 일상적으로 자원봉사를 하는 사람들은 그렇지 않은 사람들보다 사망률이 2.5배나 낮았다.

정신의학자 칼 메닝거 박사는 "우울할 때 할 수 있는 가장 좋은 일은 어려운 사람들을 돕는 것"이라고 말했다. 인생은 사는 것이 아니라 건강을 유지하는 것이다. 그 건강을 유지하는 비결은 웃음과 감사와 사랑과 나눔과 봉사이다.

07) 나는 아직 달리고 있다

1980년대 중반 미국에서 발행되는 유명한 시사 잡지 표지에 "나는 아직 달리고 있다"는 타이틀과 함께 열심히 달리고 있는 한 중년 남성의 사진이 실려 화제가 된 적이 있다.

그 이유는 표지 속 주인공이 10년 전에 간암 말기이며 앞으로 약 3개월밖에 살 수 없다는 시한부 판정을 받은 이였기 때문이다. 그는 병원 치료보다는 집에서 요양하며 마지막 여생을 정리하라는 담당 의사의 권유를 받았었다.

　말할 수 없는 임청닌 슬픔에 심한 우울증에 시달리던 그는 절망과 좌절과 비관에 빠지기보다는 이기적이었던 자신의 지난 인생을 되돌아보았다. 그러고는 가족과 이웃에게 봉사하기로 마음을 먹었다.

　먼저 그는 집안 청소를 도왔다. 그리고 그 기쁨에 힘을 얻어 조금씩 활동 반경을 넓혀 마당 청소, 이웃 골목 청소, 그리고 나중에는 더 많은 곳을 청소하기 위해 뛰어다니며 일을 했다.

　어느 날 문득 달력을 보니 어느새 말기 암을 선고받은 날로부터 3개월이라는 시간이 훌쩍 지나고 있었다. 그런데도 아직 그에게는 청소할 힘이 남아 있을 뿐 아니라 이전보다 더 건강해져 있었다.

　그래서 다시 병원을 찾아가 검사를 해 보았더니, 신기하게도 암세포가 흔적도 없이 사라졌다. 그렇게 10년의 세월이 흐른 후, 그 잡지의 표지 모델로 나오게 된 것이다.

　미국 스탠퍼드의대 연구팀에서 암 환자를 대상으로 자신의 몸만 생각하는 암 환자와 봉사 활동을 하면서 암과 싸우는 환자를 비교 연구하였다.

　자신의 몸만 걱정하며 사는 암 환자의 평균 수명은 19개월에 불과한 반면, 봉사 활동을 하면서 병과 싸운 암 환자의 수명은 37개월로 2배 가까이 길어진다는 연구 결과를 얻었다. 남을 도우면서 삶의 보람을 느끼면서 자연스레 암세포를 이길 수 있는 항체가 생겨난 셈이다.

봉사를 하거나 봉사하는 이야기만 들어도 몸에서 좋은 호르몬들이 나와 몸을 건강하게 해 준다. 이것이 필자가 말하는 봉사 요법이요 나눔 테라피이다. 이런 기적은 그 사람에게만 일어나는 것이 아니라 당신에게도 일어날 수 있다.

08 / 흑사병을 극복한 사람들

2020년 초 우리나라뿐만 아니라 전 세계적으로 코로나19가 유행하고 있다. 나에게는 걱정거리가 있었는데, 작은딸이 종합병원 간호사로 근무하고 있기 때문이다. 밀려드는 환자들로 인해 감염되면 어떡하나? 그러나 전혀 전염되거나 감염되지 않고 건강하게 근무 중이다.

약이라고는 찾아보기 힘들었던 중세 시대. 1348년은 유럽 전역을 걸쳐 흑사병을 일으키는 페스트균이 휩쓸고 지나간 역사가 있다. 흑사병은 피부가 검게 변하는 증상 때문에 붙여진 이름이다.

보카치오(Giovanni Boccaccio)의 『데카메론』에 의하면, 피렌체에서만 약 10만 명이 희생되었다고 한다. 학자들은 흑사병 때문에 1347년부터 1352년까지 유럽에서만 약 2,400만 명이 목숨을 잃었다고 추정하는데, 이는 유럽 총 인구의 30~60%에 달한다고 한다. 이 인구는 17세기가 되어서야 겨우 회복되었다.

그 당시 흑사병이 만연해서 수많은 사람들이 죽어 가고 있는데, 시체를 치우는 사람이 없어서 정부는 곤란에 빠졌다. 이때 허름한 옷차림을 한 노인이 털털거리는 트럭을 몰고 나타나서는 자신이 시체를 치우겠다고 했다.

정부는 노인이 너무 가난한 나머지 시체를 치우다가 설령 죽을지라도 돈벌이 목적으로 시체를 치우겠다고 나선 게 아닌가 하는 의구심이 들었다. 그러나 막상 시체 치우는 인력이 없던 차에 잘됐다 싶어 시체 한 구당 돈을 많이 드리겠다는 제안을 했다. 그러나 노인은 돈이 필요 없고 그저 봉사하겠다고 나섰다.

그는 위생복도 입지 않은 채 시체를 트럭에 옮겨 날랐다. 그 모습을 지켜보던 사람들은 저 노인네 저러다가는 언젠가 쓰러져 죽게 되고 말거라며 주목하고 있었다.

노인은 그렇게 일주일, 한 달간… 계속해서 시체를 치우는 작업을 했다. 놀라운 사실은 시체들을 치우다가도 끼니때가 되면 그늘에 앉아 쉬면서 손을 씻거나 닦지도 않은 채 맨손으로 빵조각을 찢어서 먹는 것이다. 그래도 쓰러지거나 죽지 않았다.

그러자 그 광경을 지켜보던 많은 사람들이 입을 모아 하늘에서 신이 내려왔다고, 천사가 내려왔다고 야단이었다. 이에 놀란 정부 관계자가 다가와서 노인에게 물었다.

"당신은 신이요? 혹은 천사요?"

그러자 노인은 껄껄 웃으며 답했다.

당신도 치유될 수 있다

"나는 신도, 천사도 아니오. 나는 사람이요."

즉시 정부 관계자들과 의료진들이 노인을 모시고 실험실에 들어갔다. 노인의 손바닥에 페스트균, 흑사병균을 떨어뜨리고 현미경으로 관찰한 결과, 기이한 일이 벌어졌다. 균주가 노인 손바닥에 떨어지는 순간 새까맣게 타 죽는 게 아닌가?

다시 노인에게 물었다.

"도대체 당신은 누구십니까?"

"나는 가난한 교회의 은퇴한 목사입니다. 내가 믿는 예수님의 종입니다."

그 노인은 윌리엄 뿌렌함 목사였다.

그리고 자신의 신앙고백인 천국복음을 전하기 시작했다.

"이는 그리스도 예수 안에 있는 생명의 성령의 법이 죄와 사망의 법에서 너를 해방하였음이라."(롬8:2)

"너희가 믿음에 있는가 너희 자신을 시험하고 너희 자신을 확증하라 예수 그리스도께서 너희 안에 계신 줄을 너희가 스스로 알지 못하느냐 그렇지 않으면 너희가 버리운 자니라."(고후13:5)

"믿는 자들에게는 이런 표적이 따르리니 곧 저희가 내 이름으로 귀신을 쫓아내며 새 방언을 말하며, 뱀을 집으며 무슨 독을 마실지라도 해를 받지 아니하며 병든 사람에게 손을 얹은즉 나으리라 하시더라."(막16:17-18)

마이신이라는 항생제가 만들어지지도 않았는데 흑사병에 걸리지 않은 사람들이 있었다. 그들은 환자를 가장 가까이에서 돌보던 의사와 간호사들, 그리고 시체 치우는 사람이었다. 왜냐하면 생명을 살리고자 하는 사랑과 헌신, 사명을 가지고 환자들을 돌보기 때문이며 희생하며 봉사하기 때문이다.

09)   헬퍼스 하이

기쁨은 나눌수록 배가되고 슬픔은 나눌수록 반으로 줄어든다는 말은 과학적으로 증명된 심리 효과 중의 하나이다.

'헬퍼스 하이'라는 말이 있다. 미국의 의사 앨런 록스에 의해 처음 사용된 말로, 도움을 주는 사람의 기분이 최고조로 오른다는 뜻의 용어이다. 이는 나눔과 선행을 통해 상처받은 마음을 치유한다는 의미를 담고 있다.

과거 미국에서 선행을 실천하는 사람들을 대상으로 한 연구 결과에 의하면, 선행을 실천하는 사람들이 일반인보다 행복 호르몬, 즉 엔도르핀 지수가 3배 이상 높고 혈압 및 콜레스테롤 수치도 더 낮은 것으로 나타났다. 그래서 수면장애나 통증 등의 질병률도 더 낮은 것으로 전해졌다.

                                    당신도 치유될 수 있다

다시 말해 선행을 실천하는 사람들이 그렇지 않은 사람보다 정서적 안정뿐만 아니라 신체적으로도 긍정적인 반응이 나타나 삶에 활력을 얻게 된다는 것이다. 이 밖에도 나눔을 통한 정서와 신체에 의학적 효과를 입증해 주는 연구 결과가 많다.

가족과 함께 봉사 활동을 실천할 시, 미성년자인 자녀들은 도움을 주는 또 하나의 자신을 인식하고 책임감과 리더십, 학문적 소양이 높아진다. 게다가 같은 목표를 가지고 나눔을 이행하면서 가족 구성원 간의 유대감이 강화되며 세대 간의 갈등 및 가정불화가 해결되기도 한다.

미성년자뿐만 아니라 만 65세 이상 노년층 집단을 대상으로 정기적으로 자원봉사 활동을 하는 어르신과 그렇지 않은 어르신을 비교한 결과, 그들의 자아 존중감 평가에 확연한 차이를 보였다. 봉사 활동을 즐기시는 어르신들은 타 집단에 비해 자기 자신을 긍정적인 존재로 평가하는 자아 존중감 수치가 2배 이상 높은 결과를 보였다.

나눔은 알코올 중독 치료에도 탁월한 효과를 보인다. 미국의 모 의학대학에서 알코올중독자 갱생 재활 프로그램을 활용하여 알코올중독과 봉사 활동의 상관관계를 연구했다. 그 결과, 홀로 병원에서 알코올중독 치료를 받은 사람보다 알코올중독 치료와 함께 소외된 이웃을 돕는 중독자들이 다른 중독자들보다 쉽게 알코올중독에 벗어났다.

장수하는 분들의 공통점을 살펴보면, 대부분 이웃을 향한 정기적인 봉사와 나눔을 실천하는 분들이었다. 이처럼 나눔을 통한 따뜻한 마음은 받는 사람뿐만 아니라 주는 사람에게까지 정서적 만족감과 행복감, 게다가 건강까지 챙길 수 있는 요소가 된다.

자, 이제 나눔을 통해 심리적으로 뿌듯함을 느끼고 정서적으로 안정된 상태를 가져 마음의 상처도 치유하고 삶의 행복지수도 높여 보자. 당신의 신체에도 긍정적인 변화가 일어날 것이다.

6장

긍정
테라피

우리 몸에는 완전한 약국이 있다. 바로 웃음 약국이다.
혼자 웃는 것보다 여럿이 웃는 것이 더 효과적이다.
인간은 심리적인 동물이다.

마음의 근심은 뼈를 마르게 하고 암을 일으키지만,
긍정적인 생각은 몸과 마음을 치유하고
질병을 내쫓는다.

01 / 긍정 테라피란

부정적인 감정은 반대로 면역력을 약하게 하여 우리 몸이 질병에 걸리기 쉬운 상태로 만든다. 반면에, 기쁨이나 행복과 같은 좋은 감정은 면역력을 강화시키는 호르몬을 분비한다는 사실이 과학적으로 입증되었다.

수잔 에버슨 로즈 미국 미네소타 대학 의학박사와 연구팀은 학술지 『뇌졸중』을 통해 부정적인 생각을 많이 하는 사람들은 뇌졸중을 앓을 확률이 높다는 연구 결과를 발표했다.

또한 엘리사 누보넨 이스턴 핀란드 대학교 의학박사는 학술지 『신경학』을 통해 부정적인 생활 태도는 뇌졸중의 발병률을 높일 뿐만 아니라 치매에 걸릴 위험성도 높게 만든다는 연구 결과를 발표하였다.

긍정적인 사람이 되는 것은 좋은 생각과 느낌을 가지겠다는 선택의 문제이다. 긍정적으로 생각하는 것은 그만큼 가치가 있다. 감정적 건강뿐 아니라 위의 연구 결과처럼 신체적 건강 또한 향상시키기 때문이다.

일본의 전 수상, 국회의원, 의료들을 치료하는 의사로 유명한 이시하라 유우미는 체온을 1도만 올려도 면역력이 5배 높아진다고 말한다. 행복함을 느끼거나 사랑을 하거나 그러한 감정을 느끼는 사람의 몸은 체온이 높아, 면역력도 덩달아 높아져 건강함을 유지하거나 질병 회복에도 많은 도움을 받는다.

반대로 분노하거나 짜증을 내거나 부정적 생각을 하는 사람은 체온이 떨어지고 질병 회복에도 악영향을 주게 된다. 즉, 마음이 몸을 지배한다는 것을 의미한다.

긍정적으로 생각하면 인체에 좋은 약으로 작용하는 물질이 체내에 생성되지만, 부정적 생각을 하면 독으로 작용하는 물질이 생성된다. 의학적 치료가 질병 회복에 49%를 차지한다면 환자의 마음이 51%를 차지한다. 그러니 긍정적인 생각 자체가 치료의 시작인 셈이다.

02 ✏ 암 투병 10전 11기

평생 질병을 달고 살았던 바울은 "우리는 사방에서 압박을 받아도 눌리지 않으며, 난처한 일에 빠져도 절망하지 않습니다(고후4:8, 쉬운성경)."라고 고백하였다. 성경은 "대저 의인은 일곱 번 넘어질지라도 다시 일어나려니(잠24:16)"라고 말씀한다. 질병 앞에서 마음이 쉽게 무너져서는 안 된다.

30년간 10가지 암을 앓고도 암과의 투쟁에서 승리하며 살아가는 분이 있다. 박찬홍 공주대 명예교수이다. 그는 대학교 입학 당시 복싱을

했고, 재학 때는 미식축구팀의 창단 선수였을 만큼 건강했다.

그러나 45세의 나이에 대장암에 걸리고 말았다. 그런데 그것으로 끝난 것이 아니라 위암, 담도암, 전이성 폐암, 소장암 등 30년에 걸쳐 10번이나 암에 걸렸다.

그는 복서 출신답게 매일 아침 거울을 보면서 주먹을 뻗으며 "너 여기서 쓰러질 거야? 그럴 순 없지. 일어서야지."라고 말하며 다짐한다고 한다.

그러한 긍정적인 마음으로 노인복지관을 돌며 가곡 부르기와 동요 들려주기 봉사 활동도 했다. 복지관에서 걷지도 못하는 양반이 휠체어에 앉아서 숟가락이나 식권을 나눠 주는 봉사를 하고 있는 모습을 보며 자신도 그렇게 죽는 날까지 봉사하겠다는 결의를 다진 그는, 실버 밴드를 만들어 전국을 순회하는 게 꿈이라고 말했다.

그는 암이 발생할 때마다 오뚝이처럼 일어서며 암 투병 10전 11기를 이어 가고 있다. 항암제 치료만 100차례 정도 받았다는 그는 30년째 암과 전쟁에서 연전연승을 하고 있다.

심리학자 페팅게일은 유방암 환자들을 대상으로 병에 대한 태도와 사망률을 분석했다. 그 결과, 환자들 중 암을 극복할 수 있다는 긍정적인 태도를 가진 사람은 71%가 생존했지만, 절망감에 빠져 치료할 수 없다는 부정적인 태도를 가진 환자는 불과 19%만이 살아남았다.

"두려워 말라 내가 너와 함께함이니라 놀라지 말라 나는 네 하나님이 됨이니라 내가 너를 굳세게 하리라 참으로 너를 도와주리라 참으로 나의 의로운 오른손으로 너를 붙들리라(사 41:10)"

"너희 중에 병든 자가 있느냐 그는 교회의 장로들을 청할 것이요 그들은 주의 이름으로 기름을 바르며 그를 위하여 기도할지니라. 믿음의 기도는 병든 자를 구원하리니 주께서 그를 일으키시리라. 혹시 죄를 범하였을지라도 사하심을 받으리라. 그러므로 너희 죄를 서로 고백하며 병이 낫기를 위하여 서로 기도하라. 의인의 간구는 역사하는 힘이 큼이니라(약5:14-16)."

질병에 걸린 환자가 어떤 마음의 태도를 보이느냐에 따라 결과는 많이 달라진다. 뿌리가 살아야 나무도 살 듯, 마음이 살아야 몸도 산다.

03) 긍정 호르몬 베타엔도르핀

긍정적인 생각이 건강에 좋다는 것은 이미 밝혀진 사실이다. 그런데 긍정적인 사고나 태도가 수명도 늘린다는 놀라운 연구 결과가 있다.

미국 듀크대 의대 정신과 연구팀이 1960년대 중반 노스캐롤라이나 대학에 입학한 6,958명을 대상으로 다면적 인성검사(MMPI)를 실시한 뒤, 2006년까지 40여 년간 추적 조사했다. 그 결과, 가장 긍정적인 태도를 지닌 2,319명은 가장 부정적인 2,319명에 비해 평균수명이 42%나 더 길었다고 한다.

또한 2004년 예일대 연구팀이 발표한 논문에서도 긍정적인 사고를 가진 사람은 부정적인 사람보다 7.5년 더 오래 사는 것으로 나타났다.

이처럼 그렇다면 어째서 이러한 결과가 나왔을까? 우리 몸에는 베타엔도르핀이라는 호르몬이 있다. 고통을 덜어 주고 행복감을 높여 주기 때문에 우리 몸에 자가 면역 증가 및 면역력을 높여 주는 좋은 호르몬이다.

베타엔도르핀은 우리 몸에서 만들어지는 모르핀의 세 가지 종류 중에 하나이다. 이것은 마라톤 선수들이 긴 시간 마라톤을 하고 나서 기분이 좋아질 때 많이 분비된다고 한다.

실제로 긍정적인 암시만으로도 고통이 줄어드는가에 대한 연구가 진행되었었다. 통증을 호소하는 고생하는 환자분들에게 당신이 지금부터 통증이 좋아질 것이고 아픔이 나아질 것이라고 긍정적인 암시를 준 것이다.

그때 그분들에게 실제로 고통이 적어지는 것을 관찰했고, 그 결과 가장 많이 우리 몸에서 분비되는 호르몬이 베타엔도르핀임을 밝혀냈다.

긍정적인 생각을 할 때 베타엔도르핀이 많이 분비된다는 것이다. 이 베타엔도르핀은 행복감을 주고 면역력을 높여 주며 암이라든지 그 밖에 다른 질병으로부터 우리 몸을 보호해 주는 역할을 한다. 이것이 바로 긍정 테라피의 힘이다.

04) 면역력을 높이는 긍정

스트레스는 만병의 근원이다. 전문가들은 "스트레스에 시달리지 않고 건강을 유지하려면 긍정적인 마인드를 가져야 한다."고 말한다.

실제로 스트레스를 받으면 코티졸이라는 스트레스 호르몬이 분비되어 면역력을 떨어뜨린다. 따라서 스트레스를 줄이려면 긍정적이 생각이 중요하다. 긍정적인 생각을 하면 엔도르핀과 엔케팔린이라는 호르몬이 분비되어 면역력을 높여 준다.

미국 켄터키대학교 연구팀은 긍정적인 마음가짐이 면역력에 어떤 영향을 미치는지 알아보기 위해 이 학교 법대 신입생 124명을 대상으로 삶의 태도에 대해 5차례 설문 조사를 실시했다. 질문은 '앞으로 성공적으로 졸업할 수 있을까?'와 관련된 것들이었다.

설문 조사 후 이들에게 죽은 볼거리 바이러스, 칸디다 효모 등의 항원을 팔뚝에 주입해 혹의 크기를 분석했다. 혹은 인체의 면역 시스템이 적군을 무찔러 만든 무덤과 같은 것으로, 혹이 클수록 면역력이 강하다는 것을 의미한다.

당신도 치유될 수 있다

그 결과, 삶에 낙관적인 태도를 오래 유지한 학생일수록 혹이 큰 것이 발견됐다. 학생들은 수업, 시험, 인턴 십 인터뷰 등의 결과에 따라 긍정적인 정도가 오르락내리락했다. 이 연구 결과는 미국 건강·의료 매체『헬스데이 뉴스』등에 실렸다.

"같은 사람이라도 삶의 태도에 따라 면역력이 변하는데, 긍정적인 기분이면 그 학생의 면역력은 더 활성화됐습니다. 행복할수록, 긍정적일수록, 희망적일수록 사람은 스트레스에 더 적극적으로 대응하고 의학적 치료나 충고에 더 잘 따르기 때문에 병에서 빨리 회복할 수 있습니다."

긍정적인 생각은 뇌에서 엔도르핀과 엔케팔린이라는 물질을 분비시켜 모르핀과 비슷한 통증 완화 효과를 내고, 질병 치유를 유도하여 면역력을 높인다. 그래서 치료 이후에 긍정적인 기대를 하는 환자일수록 결과도, 회복도 빠르다고 한다.

05 ﹀   플라시보와 노시보 효과

질병을 치료하는 데 있어서 어떤 생각이나 믿음을 가지느냐에 따라 치료 결과가 달라진다고 한다. 이를 이른바 '플라시보 효과'라 한다.

플라시보란 라틴어로 '마음에 들도록 한다'라는 의미로, 약효가 없는 약을 진짜 약으로 속여 환자가 복용했을 때 환자의 병세가 나아지는 것을 말한다.

세계 2차 대전 중에 모르핀이 부족해지자, 의사 헬리 비처는 모르핀을 가장한 식염수를 병사들에게 투여했다. 그런데 병사들이 통증 완화를 느낀다는 것을 발견했다. 플라시보 효과는 18세기 이전부터 발견되었으며, 최근 뇌영상학의 발달로 위약을 복용한 뒤 뇌를 관찰한 결과 진짜 약을 먹었을 때와 같은 변화가 관찰되었다.

2007년 미국국립보건원에서는 수면제를 먹고 평소보다 쉽게 잠드는 것은 효능과 관계없이 약을 복용했다는 사실만으로 심리적 안정을 느끼는 플라시보 효과 때문이라고 밝혔다.

그리고 2009년 위스콘신대학의 연구 결과에 의하면, 감기 환자에게 약효가 없는 식물을 알약에 담아 주었을 때 알약을 받지 못한 그룹보다 평균 0.5일 정도 빠르게 회복되었다고 한다. 그리고 알약이 효과가 있다고 믿는 환자들에게서는 2.5일 빨리 회복된 것을 발견하였다.

플라시보 효과는 환자가 약이 병을 낫게 해 준다는 믿음을 가진 경우 병세가 호전되는 양상을 보이는 것이어서 만성 질환이나 심리 상태에 영향을 받기 쉬운 질환, 우울증과 같은 마음의 병을 고치는 데 적합한 치료 방법으로 알려졌다.

다만, 플라시보 효과는 과학적 기전이 모두 밝혀지지 않았고, 모든 사람에게 적용되는 것이 아니므로 플라시보 효과만을 맹신하여 실제 치료를 거부해서는 안 된다.

반면, 치료 효과가 있음에도 믿음이 없으면 효과가 전혀 나타나지 않는 '노시보 효과'가 나타나기도 한다. 노시보란 실제로는 무해하지만 해롭다는 믿음 때문에 인체에 해로운 영향을 끼치는 물질을 가리킨다.
예를 들어, 꽃밭 사진이나 플라스틱으로 만든 장미를 보고도 천식이 생기는 알레르기 환자는 그것이 가짜임에도 불구하고 알레르기가 생긴 것으로, 꽃 사진과 플라스틱 장미가 노시보에 해당한다.

독일 함부르크 대학의 올리케 빙겔 박사는 환자에게 진통제 정맥주사를 계속 주사하면서 환자에게 진통제 투여가 끝났다고 말하자, 환자의 통증이 급상승하고 뇌에도 관련 반응이 일어났음을 밝혔다.
이렇듯 긍정적인 생각과 부정적인 생각이 인체 건강에 미치는 영향은 실로 대단하다.

06 / 나사렛 예수의 이름으로 일어나 걸어라

『'네'라는 신성한 대답』이라는 베스트셀러가 있다. 존스 목사가 쓴 것으로, 보스턴 병원에서 5개월 동안 누워 있는 동안에 다시 걸을 수 있다는 확신을 갖고 쓴 책이다. 마비 상태의 고통 중이었으나 그의 책은 긍정적인 내용으로 가득했다.

스탠리 존스 목사는 인도의 선교사이다. 그는 무척 건강했는데, 70세가 되었을 때도 자기 나이의 절반밖에 안 되는 나이의 사람보다 더 많이 더 빨리 걸었다고 한다.

그런 그가 89세가 가까웠을 때, 중풍으로 넘어져 걷지 못하게 되었다. 수개월 동안이나 활동이 불가능한 마비 상태였지만, 그 기간 중에도 주님의 치유하시는 능력과 사랑을 굳게 믿고 자신의 치유를 위해서 기도했다.

그는 전 세계의 크리스천들에게 자기가 다시 걸을 수 있도록 주님께 기도해 달라고 호소했다. 그래서 하루 24시간 동안 목사를 위한 기도가 이어졌다. 그리고 자기를 간호하는 간호사들에게 밤낮 자기가 잠에서 깨는 것을 보면 그 순간 자기에게 다음과 같이 말해 달라고 부탁했다.

"나사렛 예수의 이름으로 일어나 걸어라!"

존스 목사는 휴양을 하러 인도의 히말라야산으로 갔다. 드디어 그는 거기에서 걸을 수 있게 되었다. 그뿐만 아니라 설교까지 할 수 있게 되었다. 그 후로 그는 하나님이 부르시는 날까지 설교하며 승리하는 크리스천으로 살았다.

당신도 치유될 수 있다

존스 목사는 긍정적인 믿음은 육체의 건강에도 큰 영향을 끼친다고 굳게 믿고 모든 일에 긍정적인 자세로 살았다. 그 덕분이었을까? 그는 90세가 넘도록 장수하면서 최후의 순간까지 하나님의 일을 열심히 하다가 1973년, 하나님의 부르심을 받고 천국에 갔다.

참으로 대단한 긍정의 믿음이고 참으로 놀라운 긍정의 힘이다.

07) 긍정적인 생각이 육체에 미치는 영향

"우리가 긍정적인 생각을 하고 사랑을 하고 느낄 때, 측정할 수 있을 정도로 확연한 변화가 우리 몸에 일어납니다."

하트메스 연구소장인 롤린 메크레티는 긍정적 감정에 집중한 30명의 성인은 항노화 호르몬인 DHEA의 수준이 100% 증대되었으며, 싸우거나 도망가는 방위 반응을 자극하는 코디솔 호르몬이 23% 감소되는 사실을 발견했다.

또한 스탠퍼드대학의 재료과학 교수인 윌리엄 틸러 박사는 사랑이란 감정의 생체 분자는 육체의 건강과 밀접한 주파수를 발생시킨다는 연구 결과를 발표했다. 사람들이 사랑과 감사의 감정에 집중할 때, 심장 박동은 질서정연하고 일관성 있는 완전한 싸인 곡선이 되었다는 것이다.

과학자들의 여러 연구 결과에서 심장의 정상적 박동은 감정들에 의해 달라짐을 밝혀냈다. 어떤 사람이 분노, 불안감, 슬픔, 근심과 같은 부정적인 감정들을 느낄 때, 그 사람의 심장 박동이 불규칙하게 뛰고 예기치 않았던 육체적 현상들이 나타나는 것이 실험을 통해 증명되었다. 이에 반해 기쁨, 감사, 사랑과 같은 긍정적인 감정들은 정상적인 심장 박동을 유지시켜 준다는 것이 밝혀졌다. 그런데 이런 심장 박동 수들은 단 몇 초 만에 바뀐다는 것이다.

시애틀의 연구진들은 비정상적인 심장 박동 때문에 병원을 찾은 9살짜리 아이 셀레스트에 대해 연구했는데, 그 아이가 심장 박동에 이상이 나타난 것은 전학을 가야 한다는 생각 때문에 심각한 고민에 빠진 후부터였다.

그 아이는 개학 몇 주 전부터 손톱을 물어뜯기 시작하더니 동생과 잘 놀려고 하지 않고 한밤중에 일어나 몸을 씻기도 했다. 손톱을 가장 물어뜯고 싶은 때가 언제냐고 물었더니 서슴지 않고 "새 학교를 생각할 때마다"라고 대답했다. 우리의 감정이 인체에 상당한 영향을 끼친다는 것을 알 수 있는 사례이다.

과학자들이 암 환자들을 면밀하게 분석해 본 결과에 의하면, 대부분의 암 환자들에게서 공통적으로 발견하는 현상이 바로 너무 예민하고 부정적인 성격을 가진 것이라는 점이다. 그래서 이러한 요소들이 난치성 성인병의 직접적인 원인이 된다는 사실을 밝혀냈다.

또한 의학진보저널의 한 보고서는 단 5분 동안 사랑과 감사에 집중한 사람들이 6시간 동안 면역 체계의 한 요소인 면역글로불린A 분비가 증가되었음을 밝혔다. 반면에 5분 동안 분노에 집중한 사람들에게서는 심장 박동이 헝클어지고 1시간 내지 5시간 동안 면역글로불린A 분비물 생산을 방해받았다고 한다.

긍정적으로 생각하라. 긍정적인 생각이 건강에 비결이요, 질병을 치료하는 원동력이다.

08 무의식 속에서도

미국의 의학박사인 버지니아 새터 박사의 일화이다.

편도선 수술을 받고 중환자실로 간 소녀의 출혈이 멈추지 않자, 새터 박사는 의료진들과 함께 소녀의 수술 부위를 검사했다. 박사는 수술 집도 의사들에게 혹시 수술 도중 무슨 일이 있었는지 물었다.

그러자 소녀를 수술한 의사들이 말하기를,

"수술하는 동안 다른 환자 할머니의 상태가 매우 나빠서 살아날 가망성이 거의 없다는 수술에 관한 이야기를 나누었습니다."

이 말을 들은 새터 박사는 소녀의 무의식이 의사들의 절망적인 이야기를 듣고 빠르게 반응해서 상태가 몹시 나빠진 것이라고 판단했다.

간단한 수술이었으나, 마취 상태에서 받아들인 부정적인 메시지가 몸 상태를 매우 부정적으로 악화시켰다는 것이다.

새터 박사는 동료 의사들을 다시 소녀의 수술실로 들여보냈다. 그리고 수술 의사들에게 다음과 같이 말할 것을 지시했다.

"이 환자는 정말 목이 건강하군. 이 환자는 금방 나아서 친구들하고 뛰어놀 수 있겠는걸!"

새터 박사의 예상대로 소녀는 금방 마취에서 깨어났고, 상태가 빠르게 회복되어 다음 날 퇴원할 수 있었다.

긍정적인 메시지를 받으면 무의식 속에서도 모든 세포는 긍정적으로 순종하게 된다는 것을 발견하게 된 것이다. 무의식중에도 희망과 절망에 어떻게 반응하는가를 보여 준 사례이다.

가급적 긍정적인 생각을 하자. 긍정적인 사고와 태도는 정신적 스트레스를 물리치고 육체적 질병을 극복하는 가장 좋은 방법이다.

당신도 치유될 수 있다

7장

희망
테라피

스위팅은 "사람은 40일을 먹지 않고도 살 수 있고,
 3일 동안 물을 마시지 않고도 살 수 있으며,
8분간 숨을 쉬지 않고도 살 수 있다.
그러나 단 4초도 살 수 없다.
희망 없이는…"이라고 말했다.

희망을 가지는 것은 치료의 시작이다.
단 1%의 희망만 있어도
치유의 기적은 당신에게도 일어날 수 있다.

01 / 희망 테라피란

사람에게 가장 무서운 병은 절망이라는 악성 종양이다. 그래서 실존주의 철학자 키엘 케고르는 "절망은 죽음에 이르는 병이요, 절망은 죄"라고 했다.

단테는 그의 저서 『신곡』에서 지옥 입구에 "이곳에 들어오는 모든 자들은 일체의 희망을 포기하라."고 붙여 놓았다. 절망하는 자는 이 땅에 살지만 지옥 같은 삶을 사는 사람이라는 의미이다.

지옥은 소망이 없는 곳이다. 지옥이란 절망이 영원한 곳이며, 꺼지지 않는 유황불이 타는 곳이요. 버려지도 죽지 않는 곳이다. 이 세상에서 가장 무서운 마음의 전염병은 절망이다.

이러한 절망, 고통과 질병을 치유하는 중요한 인술(仁術)이 바로 희망이다. 양자의학에서도 환자에게 희망을 갖게 하는 것은 질병을 치료할 수 있다고 말하고 있다.

무디 가든스는 환자에게 병이 나을 수 있다는 희망을 준다는 것 자체가 치료의 한 방편이 될 수 있다고 말했다. 어떠한 질환이라도 가장 먼저 환자에게 희망과 기대감을 조성해야 하며, 그렇게 함으로써 병이 발생했던 반대 방향으로 면역체계가 움직이게 되어 병으로부터 회복할 수 있다는 것이다. 그는 이것을 '희망 치료'라고 불렀다.

미국의 방사선 종양학자이며 의사로, 1970년대 이후 암에 대한 새로운 접근법을 발표하여 일약 현대의학의 선두주자로 등장한 칼 사이몬튼은 암 환자가 암을 치료할 수 있다는 희망을 갖게 되면 면역체계에 다시 생명력이 붙어 암세포의 생성이 줄어든다고 말하였다.

희망은 생명력 그 자체이다. 그 안에는 놀라운 생명 에너지가 담겨 있다. 같은 길을 걸어도 절망을 선택한 사람은 삶의 종착지에서 불행이란 마침표를 찍게 되고, 희망을 선택한 사람은 결국 행복의 산봉우리에 오르게 된다.

이렇듯 희망 하나만 보아도 모든 고난과 절망을 헤쳐 나아갈 수 있다. 희망은 치유의 시작이다. 그래서 필자는 이를 희망 테라피라고 말한다.

02) 희망 치료 효과

로버트 레드포드는 "희망과 인내는 만병을 다스리는 두 가지 치료약이다. 어려움에 처했을 때 의지할 수 있는 가장 믿음직한 자리이자 가장 부드러운 방석이다."라고 했다.

1982년 미국 보스턴의 한 병원에 뇌암에 걸린 일곱 살의 숀 버틀러

당신도 치유될 수 있다

라는 소년이 누워 있었다. 숀은 의사로부터 회생 불가 판정을 받았다. 숀은 야구광이었는데, 그중에서도 보스턴 레드 삭스의 홈런타자 스테플턴의 열렬한 팬이었다.

어느 날, 숀의 아버지는 스테플턴에게 편지 한 통을 보냈다.

"내 아들은 지금 뇌암으로 죽어 가고 있습니다. 당신의 열렬한 팬인 숀이 마지막으로 당신을 한번 보기를 원합니다."

정성스러운 편지를 읽고 감동한 스테플턴은 숀이 입원한 병원을 방문했다.

"숀, 내일 너를 위해 멋진 홈런을 날려 주마. 희망을 버리지 마라."

그리고 이튿날, 스테플턴은 소년과의 약속을 지켜 홈런을 쳤다. 그 소식은 숀에게도 전달되었고, 병상에서 환호했다.

그때부터 소년은 점점 회복의 기미를 보이더니, 5개월 후에는 암세포가 말끔히 사라져 퇴원하게 되었다. 기적 같은 일이 벌어진 것이다. 미국 언론들은 이 사연을 연일 대서특필했다.

희망 치료효과는 의학적으로 증명되고 있다. 희망·믿음·기대라는 치료 성분은 모르핀 같이 통증을 완화한다. 희망은 종양세포를 녹이고 암세포를 죽이는 힘을 가지고 있다.

사람이 지니고 있는 힘 가운데 가장 강한 힘은 희망이다. 희망은 미래를 자신의 것으로 만들어 주기 때문이다. 희망을 버리지 않는 한, 희망이 당신을 치유한다.

03) 역경을 이긴 사람들

우리가 인생을 살아가는 데 있어 필요한 세 가지 지수가 있다. IQ(Intelligence Quotiant) 지성지수, EQ(Emotiomal Quotiant) 감성지수, AQ(Adversity Quotiant) 역경지수이다. 성공하는 사람들에게 가장 높게 나타나는 것은 AQ 역경지수이다.

경영의 신 마쓰시타 고노스케 회장은 "나는 하나님께서 주신 세 가지 역경 덕분에 성공했습니다."라고 말했다.

가난했기 때문에 어릴 때부터 구두닦이, 신문팔이를 하면서 세상을 사는 데 필요한 경험을 쌓을 수 있었고, 허약했기 때문에 항상 운동에 힘쓴 덕분에 늙어서도 건강하게 지낼 수 있었으며, 초등학교도 못 다녔기 때문에 모든 사람들에게 열심히 배우는 일에 게을리하지 않을 수 있었다. 마쓰시타 고노스케는 그래서 '역경 극복의 신'이라고 불리기도 한다.

1977년, 보닝턴과 스콧은 히말라야 공포의 봉우리 오그레 7,285m에 도전했다. 그러나 스콧은 하산길에 두 발목이 부러지고, 브닝턴은 갈비뼈가 부러지고 폐렴에 걸리고 말았다. 그렇게 7,000m에서 고립된 그들은 5일간의 폭풍을 뚫고 4일간 굶주리며 기어서 마침내 돌아왔다.

이처럼 역경지수가 높은 사람의 특징이 무엇일까? 첫째는 다른 사람

당신도 치유될 수 있다

을 비난하지 않는다는 점이다. 둘째는 자신을 비난하지 않는다는 점이다. 그리고 셋째는 얼마든지 헤쳐 나갈 수 있다고 믿는다는 점이다.

폴 스톨즈(P. Stoltz)는 역경에 대처하는 모습에는 세 가지가 있다고 주장했다.

첫째는 퀴터(Quitter), 즉 도망가거나 포기하는 겁쟁이이다. 둘째는 캠퍼(Camper), 즉 뚜렷한 대안 없이 적당히 안주하는 야영자이다. 셋째는 클라이머(Climbet), 즉 모든 능력과 지혜를 동원해 역경을 극복하는 등반가이다.

역경지수가 높은 사람은 자신과 남을 믿고 역경과 부딪치는 사람들이다. 당신의 역경지수는 얼마인가? 불황은 어려운 시기지만, 뒤집어 생각하면 우리의 역경지수를 높일 수 있는 절호의 기회이다. 역경과 맞서 싸우는 사람에게 인생은 마법과도 같은 기적을 보여 준다.

04)   희망 없이는

희망은 우리에게 힘든 세월을 견뎌 낼 수 있는 힘을 주고, 우리를 기대감에 부풀게 한다.

어느 기자가 윈스턴 처칠 수상에게 히틀러 나치에 대항하여 영국이 소유하고 있던 최고의 무기는 무엇이냐고 물었다. 그러자 처칠은 단 1초도 망설임 없이 "영국이 소유했던 가장 큰 무기는 언제나 희망이었습니다."라고 답했다.

스위팅은 우리의 기억 속에 영원히 남을 이런 멋진 말을 남겼다.

"사람은 40일을 먹지 않고도 살 수 있고, 3일 동안 물을 마시지 않고도 살 수 있으며, 8분간 숨을 쉬지 않고도 살 수 있다. 그러나 단 4초도 살 수 없다. 희망 없이는…."

희망은 음식보다 물보다 산소보다 더 소중한 것이다. 희망은 그 어떤 무기보다도 더 강하고 큰 무기이다. 그 희망이 없이는 단 4초도 살 수 없다. 하지만 세상에는 아무런 희망도 없이 살아가는 사람들이 많다. 희망이 없다는 것은 내일을 꿈꾸지 않는다는 것이고, 내일을 꿈꾸지 않는 자에게는 미래가 없으며 삶에 의미가 없다.

그렇다. 똑같은 상황, 똑같은 환경이라 할지라도 희망을 가슴에 품고 있는 사람의 인생과 절망을 가슴에 품고 있는 사람의 인생 사이에는 도무지 메울 수 없을 만큼의 커다란 차이가 있다.

소아마비 1급 장애인으로 태어났지만 영어교과서의 저자이자 번역가, 수필가, 칼럼리스트, 대학 교수로 다양한 활동을 펼친 사람이 있다. 바로 장영희 씨다.

그녀는 2001년 유방암이 발병하고 2004년 척추로 암이 전이되었으며, 그 후 14번의 항암 치료를 받았다.

당신도 치유될 수 있다

"신은 다시 일어서는 법을 가르치기 위해 나를 넘어뜨린다고 믿습니다. 넘어질 때마다 죽음 힘을 다해 일어섰고 넘어지는 순간에도 다시 일어설 힘을 모았습니다."

8년에 걸친 암 투병 끝에 2009년 5월 9일 별세했지만, 그녀는 죽기 전까지 3과목 강의, 4개의 번역서, 영미 시집 출간, 교과서 개정 작업을 해냈다.

그녀는 마지막 순간까지도 희망을 버리지 않고 이 같은 말을 남겼다.

"'내 힘들다'를 거꾸로 하면 '다들 힘내'가 됩니다."

실패를 성공으로 이끄는 말, 아무것도 가진 것이 없는 두 손일 때도 모든 것을 가질 수 있는 가능성을 주는 말, 세상에서 두 글자로 된 말 중에서 가장 좋은 말, 그것은 바로 희망이다.

자, 이제 우리를 행복으로 데려다주는 말 '희망'을 늘 가슴에 품고 살아가자. 어떠한 상황이든, 어떠한 환경에 처해 있든, 어떤 장소, 어떤 시간에서도 결코 포기해서는 안 될 것 하나, 그것의 이름은 바로 희망이다. 희망을 버리지 않는다면 어떤 시련도 이길 수 있다.

05 　　희망은 치료의 시작

사람들은 절망적일 때 "이제는 꿈도 희망도 없어."라고 입버릇처럼 자주 말하곤 한다. 버니 시겔은 자신의 책 『사랑은 의사』에서 환자의 마음에 희망의 불길이 타오르도록 할 수 있다면, 치료가 이미 시작된 셈이라고 하였다. 그렇다. 희망은 치료의 시작이다.

하버드대학교 의대 교수인 제롬 그루프먼은 척추 수술을 잘못 받아 19년간 통증에 시달렸다. 점점 깊어지는 통증을 견디다 못한 그는 재활의학전문의 제임스 레인 빌 박사를 찾아갔다. 레인 빌 박사는 말했다.

"지금까지 고통을 피했기 때문에 선생 삶의 영역은 이렇게 좁디좁은 공간으로 줄어들었소. 선생의 허리 근육 상태는 정상 긴장도의 30%에 불과하오. 인대와 힘줄도 오랫동안 쓰지 않아 수축되었소. 계속 척추와 근육, 인대를 사용하면서 힘을 기르시오. 그러면 정상으로 돌아갈 수 있소."

그는 레인 빌 박사를 통해 희망을 얻었다. 자신의 병을 고칠 수 있다는 사실을 깨닫고 적극적으로 치료를 받은 결과, 1년 뒤 무리 없이 일상생활을 할 만큼 회복했다.

그렇다면 희망의 근원은 어디일까? 내 안에 계신 예수 그리스도에게서 나온다. 철학자 에른스트 블로흐는 "희망을 모든 인간의 행위 속에 들어 있는 하나님의 힘"이라고 말했다. 하나님의 사람은 어떤 경우에도 포기하지 않는다. 예수 그리스도는 절망을 희망으로 바꾸시는 분이

당신도 치유될 수 있다

시기 때문이다.

"이 비밀은 만세와 만대로부터 감추어졌던 것인데 이제는 그의 성도들에게 나타났고 하나님이 그들로 하여금 이 비밀의 영광이 이방인 가운데 얼마나 풍성한지를 알게 하려 하심이라 이 비밀은 너희 안에 계신 그리스도시니 곧 영광의 소망이니라."(골1:26~27)

하나님의 감추어 놓으신 비밀인 내 안에 계신 예수 그리스도가 유일한 소망이요 희망이다. 희망을 가져라. 당신도 치유될 수 있다.

06 ⟋   1%의 희망

미국의 성형외과 의사 맥스웰 몰츠는 병에서 나았거나 빠른 회복을 보였던 환자들을 조사했다. 그들에게 공통으로 나타난 특징은 바로 희망이었다.

그들은 모두 낙천적이고 쾌활하며 긍정적인 사고를 지닌 사람들이었다. 이들은 빠른 시일 내에 회복되리라고 기대했을 뿐 아니라 갈망하는 무언가가 있었고, 반드시 회복해야만 할 분명한 이유를 가지고 있었다.

그들은 모두 희망을 가진 사람들이었다. 이와 같이 환자의 믿음에 따라 병도 치료되고 인격도 변화되고 인생도 달라진다.

희망이 없으면 유전자가 힘을 잃어버리고 활동을 하지 않게 된다. 절망은 아무런 자극을 일으키지 않아 의욕을 상실하게 만든다. 어떠한 변화나 위협이 닥칠 때 적절한 반응이 나오는 것을 차단해 버린다.

반면에 희망은 무한한 생명력을 가지고 있다. 희망을 가지면 뇌에서는 도파민, 엔도르핀, 엔케팔린, 세로토닌 등 신경호르몬이 분비되어 면역력을 높여 주고 신체 기능을 활성화시켜 몸에 생명의 힘을 공급하여 준다.

내가 바뀌면 암은 낫는다. 암은 외부로부터 병균이 침입해서 생기는 병이 결코 아니라, 내 몸속의 세포가 정상적으로는 살아갈 수 없는 환경이 될 때 암 세포로 변해서 생기는 병이다.

정상세포가 암세포로 변하는 과정은 주위의 나쁜 환경과 맞서다가 그 환경을 이겨 낼 수 없다고 포기할 때 생기는 것이다. 사람이 좋은 환경을 원하는 것과 마찬가지로 정상세포도 환경이 좋아야 정상적으로 살아갈 수 있다.

프랑스의 생물학 학술지인『커런트 바이올로지』에는 사람의 '거울 뉴런'을 다룬 연구가 게재된 바 있다.

미서든 캘리포니아 대학교의 리사 아지즈 자데 박사에 따르면, 사람의 몸은 글을 읽거나 보는 것만으로도 반응이 나타난다고 한다. 암에서 낫기를 원하는 사람이 예수님께서 병든 사람을 치료해 주는 성경 말씀을 읽거나, 병이 낫길 바라는 자기의 소원을 글로 쓰기만 해도 병에서 나은 사람의 몸과 같은 반응이 나타나게 된다는 것이다.

절대 절망하지 말라. 1%의 희망이라도 가질 수 있다면 가져라. 단 1%의 희망만 있어도 치유의 기적은 당신에게도 일어날 수 있다.

07 ⟋　　　자전거 그 이상의 이야기

대한민국은 민주공화국이라고 헌법에 명시돼 있다. 그러나 의학적으로 말하면 대한민국은 '난치병 공화국'이다. 우리나라 사람의 사망 원인 1위가 암이다. 어쩌다 대한민국이 질병공화국이 됐는가?

뉴스에서 보니 2030년쯤 되면 우리나라 국민의 약 30%가 일생 중에 암 환자가 된다고 하니, 상상만으로도 끔찍한 일이다. 몸과 마음과 환경이 병든 탓이다.

1971년 미국 텍사스에서 허약하게 태어난 소년은 건강한 몸을 만들기 위해 철인 3종 경기를 시작하게 되었다. 그중에서도 특히 사이클에서 재능을 보인 그는 고등학교에 진학하자마자 사이클 선수가 되었다.

그는 바로 인간의 한계에 도전하는 철인들의 경기인 투르 드 프랑스 대회에서 7연패에 성공한 최초의 사람이 된 랜스 암스트롱이다.

그런 그에게도 역경이 있었으니, 바로 25살이 되던 해인 1996년 고환암을 진단받은 것이다. 당시 암은 이미 폐와 뇌까지 전이된 상태여서 수술과 항암제 치료를 받아야 했다. 모든 사람들은 그의 선수 생명은 끝났다고 생각했다.

암스트롱은 고환암을 치료받으면서 삶과 죽음에 대해 생각했다. 그러면서 암의 영어 철자인 'CANCER'를 C=용기(Courage), A=태도(Attitude), N=포기하지 말 것(Never give up), C=치료할 수 있음(Curability), E=계몽(Enlightenment), R=동료 환자를 기억할 것(Remembrance of fellow patients)이라 풀었다.

그는 이러한 생각을 실천하고자 1997년 랜스 암스트롱 재단을 만들었고, 암을 극복하고 삶에 대한 열정을 다시 찾고자 지옥의 레이스라 불리는 투르 드 프랑스 사이클 대회에서 우승하겠다는 목표를 세웠다.

결국 암을 이겨 낸 그는 1999년에 처음으로 도전한 투르 드 프랑스 대회에서 기적 같은 우승을 차지하게 되었다.

"이 승리를 암과 싸우는 모든 이에게 바칩니다. 나를 보십시오! 암은 충분히 극복할 수 있습니다."

그의 우승 소감은 전 세계 암 환우들에게 희망의 메시지였다. 그 후 그는 2005년까지 대망의 7연패를 달성함으로써 이 대회에서 7연패에 성공한 최초의 사람이 되었다.

희망은 암을 정복하게 한다. 희망을 가지는 것은 치료의 시작이다. 희망이 치료의 길로 인도한다. 희망을 버리지 않는 한 당신에게는 희망이 있다. 희망을 가져라! 당신도 치유될 수 있다.

희망은 치료의 명약

삶이 있는 동안 희망은 있다. 살아 있는 한 희망은 있다. 나폴레옹은 "희망은 살아 있다. 내 비장의 무기는 내 손 안에 있다. 그것은 희망이다."라고 했다.

미국의 한 중환자 병동에 심한 화상으로 생사의 기로에 놓인 10대 소년이 있었다.

이 병원에는 유독 10대 환자가 많아 이들이 치료를 다 받은 후 학교로 돌아갈 때를 위해 공부를 가르쳐 주는 봉사 활동이 진행되었다. 그러나 중환자 병동의 환자는 그 대상에 해당되지 않았다.

그러던 어느 날, 처음 봉사를 나온 대학생이 중환자실의 환자들은 해당되지 않는다는 것을 모르고 중환자실에 들어가 그 10대 소년에게 공부를 가르쳤다. 그러자 회복 가능성이라곤 보이지 않던 이 소년의 상태가 점점 좋아지기 시작했다.

기적처럼 좋아진 소년이 얼굴의 붕대를 풀던 날, 소년은 이렇게 말했다.

"사실은 저도 가망이 없다고 생각했어요. 그런데 한 대학생 형이 다음 학기 영어 시간에 배울 문법을 가르쳐 주기에 저는 확신했죠. 아, 의사 선생님들이 내가 나을 수 있다고 판단했나 보다. 그렇지 않고서야 이렇게 붕대를 감고 있는 나에게 공부를 가르쳐 줄 리가 없지. 그때부터 기쁘고 희망이 생기기 시작했습니다."

실존주의 철학자 키엘 케고르는 "절망은 죽음에 이르는 병"이라고
했듯이 가장 악성 종양은 절망이라는 종양이다. 꿈이 있는 한 희망이
있다. 희망이 불가능을 가능하게 만든다. 희망이 기적을 일으킨 것이
다. 희망은 치료의 명약이다. 희망 테라피, 당신도 치유될 수 있다.

8장

칭찬
테라피

칭찬은 하는 사람과 듣는 사람 모두 다 건강하게 해 준다.
칭찬의 보약을 한 번 먹으면 일주일도 가고, 일 년도 가고,
어떤 칭찬은 그 약효가 평생 가기도 간다.

칭찬 테라피는 생각보다 큰 효과를 가져오고 부작용이 없다.
그러니 우리 모두 칭찬 테라피를 생활화하자.

01 칭찬 테라피란

칭찬의 힘은 실로 대단하다. 우리에게는 '신명'이라는 단어가 있다. 기분이 좋고 신명이 나면 자신의 능력을 120~130% 발휘한다. 그러나 기분이 상했을 때에는 자신이 가진 능력을 70%밖에 발휘하지 못한다.

세상에 칭찬받는 것처럼 즐거운 일이 없고, 남에게 박수갈채를 받는 것처럼 기쁜 일이 없다. 칭찬은 정신의 활력소요, 생활의 강장제요, 기쁨의 촉진제이다.

칭찬하면 뇌파와 호르몬의 변화가 일어난다.

칭찬은 알파파를 높이는데, 이는 뇌의 이완과 사고력을 높여 준다. 또 아드레날린이라고 하는 노르에피네프린과 스트레스 호르몬인 코티솔의 감소로 스트레스를 낮춰 준다.

칭찬하면 사고력이 높아진다.

칭찬을 받는 사람은 일반인에 비해 뇌의 혈류량이 증가한다. 뇌의 혈류량이 증가하면 뇌의 활동이 활발해진다.

칭찬하면 자존감이 높아진다.

칭찬을 받게 되면 자존감이 높아지고 인정받고 있다는 지위 향상감이 높아진다.

칭찬하면 면역력이 높아진다.

칭찬의 과학적 효과는 면역력 강화 호르몬 분비를 촉진하여 몸이 건강해지고 기분도 좋아진다. 이는 뇌에서 신경전달물질 쾌감 호르몬인 도파민이 증가되기 때문이다. 칭찬을 들으면 혈액에서 인터루킨 등 각종 면역강화물질의 분비를 촉진시킨다.

그리고 자연살해세포(NK세포)를 활성화시킨다. 이는 다시 뇌로 피드백되어 불필요한 스트레스 호르몬인 코르티졸의 분비를 억제시킨다. 그 결과 몸을 긴장시키고 흥분시키는 교감신경계의 활성화를 억제시켜 몸을 편안한 상태로 유지시켜 준다.

칭찬하면 심리적 안정감을 준다.

칭찬을 받으면 행복감을 느낄 때 나오는 신경전달 물질로 도파민의 분비가 증가된다. 도파민은 스트레스 호르몬인 코르티졸의 분비를 억제해 교감 신경을 안정시켜 기분을 좋게 하는 효과가 있다.

반면 꾸중을 들으면 칭찬을 들었을 때와 반대되는 과정이 일어난다. 정서불안 증세를 보이고 매우 위축되며 신체가 경직되고 긴장 상태에 놓이게 된다. 그래서 면역력이 떨어진다.

칭찬은 가장 좋은 소화제이고, 가장 빠른 진통제이며, 정신안정제이고, 엔도르핀 생산제이며, 가장 좋은 영양제이다. 칭찬은 테라피이다.

　　　　　　　　　　　　당신도 치유될 수 있다

02 칭찬 요법

칭찬은 자라나는 아이들에게 최고의 명약이다. 칭찬을 많이 받고 자란 아이는 밝고 따뜻한 마음을 갖게 된다. 칭찬은 듣는 아이뿐 아니라 해 주는 부모에게도 좋은 것이어서 칭찬을 해 줄 장점을 찾으려고 노력하는 동안 부모의 마음도 저절로 활짝 열리고 긍정적으로 변화하게 된다.

한 심리치료센터에서 음식 장애에 시달리는 어린이들을 대상으로 칭찬 요법을 실시하였다. 이 아이들은 음식을 먹으면 그 즉시 토해 내는 거식증 환자들이었다.

치료 요법은 한 아이가 음식을 삼킨 뒤 단 1분이라도 토하지 않고 있으면 참가자 전원이 파티를 여는 것으로 진행됐다. 파티가 열리는 동안 부모들은 고깔 모자를 쓰고 의자 위에 올라가 소리를 지르며 박수를 쳤고, 간호사들은 춤을 추며 색종이 테이프를 던졌다. 그리고 아이들이 가장 좋아하는 음악이 은은하게 배경으로 깔렸다. 음식을 삼킨 아이들을 칭찬하며 흥겨운 파티를 벌이는 것이었다.

그 결과, 아이들은 점점 더 긴 시간 동안 음식을 삼키게 되었다. 칭찬을 받아 기쁘고 즐거워진 마음이 아이들의 신경계를 조율한 것이다. 어릴 때부터 음식으로 인해 시달려 온 그 아이들은 그만큼 칭찬받기를 원했던 것이다.

칭찬으로 안 낫는 병은 없다. 칭찬을 많이 받으면 면역력이 강화되고, 자율신경계가 늘 편안한 상태에 있어 최적의 신체 상태를 유지하기 때문에 건강한 봄을 유지할 수 있다. 칭찬 테라피는 생각보다 큰 효과를 가져오고 부작용이 없다. 그러니 우리 모두 칭찬 테라피를 생활화하면 좋겠다.

03 칭찬으로 하는 치매 치료

칭찬은 자신감의 원천이다. 칭찬을 받으면 힘이 생기고 의욕이 솟구치고 긍지를 느낀다. 한 포기의 풀이 싱싱하게 자라려면 따스한 햇볕이 필요하듯이, 한 인간이 건전하게 성장하려면 칭찬이라는 햇빛이 필요하다.

노인들에게 2개월 동안 그림 그리기나 견과류를 섭취하는 등, 치매 치료에 효과적인 프로그램을 진행하는 중 칭찬의 의미로 상장과 메달을 수여했다. 그 결과 칭찬 요법을 시행한 노인들은 1년 6개월 동안 기억력 감퇴가 진행되지 않았다. 바로 칭찬이 치매 치료에 좋은 행동을 하도록 동기를 부여한 것이다.

건강식을 하는 사람은 자신의 건강만 좋아지지만, 칭찬은 하는 사람

당신도 치유될 수 있다

과 듣는 사람 모두 다 건강하게 해 준다. 건강식보다 칭찬 건강법이 더 쉽고 더 효과가 크다. 칭찬의 보약을 한 번 먹으면 일주일도 가고, 일 년도 가고, 어떤 칭찬은 그 약효가 평생도 간다. 칭찬은 평화와 화목의 법칙이고, 행복의 법칙이며, 품성 변화의 법칙이고 건강의 법칙이다.

미국의 제16대 대통령인 링컨(Abraham Lincoln)은 재임 시절 위대한 업적을 많이 남겼지만, 주변에는 그를 비난하는 사람들이 많이 있었다고 한다.

링컨이 죽었을 때, 그의 호주머니에서 그를 칭찬하고 격려하는 신문 한 조각이 발견되었다. 그런데 그게 얼마나 많이 꺼내 봤는지, 닳아 있었다고 한다. 사람들은 그제야 링컨처럼 위대한 인물이 많은 사람들의 비난을 어떻게 극복해 냈는지 알 수 있었다.

칭찬과 비난은 상반된 위치에 있어 칭찬의 무게가 커지면 비난의 무게는 자연히 줄어들게 마련이다. 칭찬은 가장 빠르게 자신감과 행복감을 갖게 하고, 불가능도 가능하게 만드는 위대한 힘을 갖고 있다.

지금부터 작은 칭찬의 말 한마디가 치매를 치료하고, 비난을 극복하게 만드는 기적을 이룬다는 사실을 삶의 현장 속에서 체험하기를 바란다.

04 말 한마디의 기적

"칭찬으로도 고칠 수 없는 습관은 어떤 것으로도 고칠 수 없다."라는 유명한 말이 있다. 사람을 치료하는 탁월한 것이 바로 칭찬이다.

영국 소설가 로버트 스미스 서티스는 "야단을 맞아 나쁜 짓을 하지 않게 된 사람보다, 칭찬을 받고 착한 사람이 된 경우가 더 많다."고 했다. 이것을 우리는 칭찬의 심리학이라 부르고 칭찬 테라피라고 한다.

그래서일까? '미운 아이 떡 하나 더 준다.'라는 속담이 있듯, 미운 사람일수록 칭찬을 많이 해 줘야 한다고 한다. 그렇게 칭찬을 해 주다 보면, 언제가 그가 나를 위해서 큰일을 하게 될 것이기 때문이다. 이렇듯 칭찬은 큰 비용으로도 해결할 수 없던 것조차 손쉽게 해결해 준다.

특히나 내가 누군가를 변화시키고자 할 때 '이렇게 변화되었으면…' 하는 기대를 칭찬에 실어서 상대방에게 전달하면, 상대방이 그런 사람으로 변하는 것을 체험할 수 있다고 한다.

일본에 맞벌이 가구 연구팀의 연구 결과, 남편의 가사 참여 시간을 늘리는 데 가장 효과적인 방법은 아내의 칭찬인 것으로 나타났다. 좀 부족해도 남편이 가사 참여에 대해 칭찬하면, 그 말 한마디에 남편의 가사 의욕이 높아진다는 것이다.

당신도 치유될 수 있다

말 한마디로 천 냥 빚을 갚는다지만, 아무 말이나 다 그런 것은 아니다. 천 냥 이상의 가치가 있는 말은 바로 칭찬의 말이다.

가정의 행복을 원한다면 끊임없이 가족들에게 칭찬의 한 마디를 던져 보라. 칭찬은 놀라운 결과를 가져오게 될 것이다. 왜냐하면 칭찬은 능력이 있기 때문이다. 운동선수는 응원 소리에 힘을 얻고, 사람들은 칭찬 한마디에 힘을 얻는 법이다.

아낌없이 칭찬하자. 값진 인생이 순간에 이뤄진다.

05 칭찬은 보약이다

마크 트웨인은 "듣기 좋은 칭찬 한마디면 그 힘으로 두 달은 먹지 않아도 살 수 있다."고 했다. 어린애는 부모님의 칭찬을 받고 싶고, 아내는 남편의 칭찬을 받고 싶고, 부하는 상사의 칭찬을 받고 싶고, 학생은 스승의 칭찬을 받고 싶어 한다.

프랑스 황제로서 한때 유럽을 정복했던 나폴레옹(Napoléon, 1769~1821)은 평소에 칭찬받는 것을 싫어했던 것으로 알려져 있다. 그런 그에게 어느 날, 부하 한 사람이 이렇게 말했다.

"각하, 저는 각하를 대단히 존경합니다. 칭찬을 싫어하는 각하의 성품이 마음에 들었기 때문입니다."

이 말을 들은 나폴레옹은 몹시 흐뭇해했다고 한다. 이 일화를 통해 나폴레옹 역시 칭찬에 약한 인간이었음을 알 수 있다. 칭찬을 싫어하는 그 성품이 마음에 들었다는 말 자체가 바로 칭찬이기 때문이다.

태평양전쟁 미군 최고사령관이자 6·25전쟁 당시 UN군 최고사령관으로서 한국전쟁에 참전하여 인천상륙작전을 지휘한 맥아더(MacArthur, 1880~1964) 장군은 사실 어릴 때 사고뭉치였다고 한다.

어려서 말할 수 없는 개구쟁이로 말썽을 피우고 사고를 친 맥아더를 보고 사람들은 그의 장래를 염려했지만, 그의 할머니만은 방그레 웃으며 이렇게 칭찬했다.

"너는 군인의 기질을 타고났어."

그 말 한마디에 맥아더는 군인의 길로 들어서게 됐다고 한다.

미국 제34대 대통령을 역임한 아이젠하워(Dwight David Eisenhower, 1890~1969)는 과거 군인 시절, 10년 이상 육군 소령인 채로 진급이 되지 않아 우울해했다.

"여보, 저는 당신을 믿어요. 어쨌든 진급 생각은 말고 교육의 1인자가 되세요. 당신이 뭘 하건 하루 세 끼 굶겠어요?"

그의 아내가 그에게 건넨 칭찬과 응원의 한마디가 그를 교육의 1인자가 되게 하였고, 결국 미국 육군참모총장과 북대서양조약기구 최고사령관에 이어 대통령에까지 이르게 했다.

칭찬 한마디가 사람의 일생을 바꾸어 놓은 것이다. 이처럼 칭찬은

당신도 치유될 수 있다

강력한 힘을 갖고 있다. 칭찬은 보약과도 같다. 칭찬은 미움을 치료하는 약이며 사랑을 강화시키는 보약이다. 행복의 보약은 칭찬하는 말 한마디 속에 있다. 칭찬하며 칭찬받는 삶이 세상을 행복하게 한다.

06 / 왜 사람들은 칭찬을 좋아할까?

어린아이든 젊은이든 백발이 성성한 어르신이든 그 누구라 할지라도 칭찬을 하면 좋아하고 즐거워한다. 칭찬 앞에는 장사도 없고, 직위의 높고 낮음도 없고, 배움의 많고 적음도 없고, 부의 많음과 적음도 없다. 칭찬 앞에는 누구나 다 똑같다.

그렇다면 왜 사람들은 칭찬을 좋아할까?

첫째, 칭찬을 받으면 자신이 잘난 사람처럼 여겨져서 스스로 만족하게 된다. 만족은 행복을 주는 기쁨의 비타민이다.

둘째, 칭찬을 받으면 엔도르핀이 분비되어 기분을 한껏 끌어 올린다. 기분이 좋으면 매사에 자신감이 생기고 긍정적인 마인드가 된다.

셋째, 칭찬을 받으면 여유로운 마음이 생겨 관대해진다. 마음의 여유는 소통을 원활하게 하여 인간관계 증진에 큰 도움을 준다.

이렇듯 칭찬의 효과는 크게 세 가지로 규정해 볼 수 있다. 인간관계를 부드럽게 이어 주는 칭찬은 소통의 필수 요소이다.

한 학급에 말썽꾸러기 소년이 있었다. 선생님들은 그 아이의 담임이 되기를 싫어했고, 말썽을 부릴 때마다 야단치기 일쑤였다.

하지만 새롭게 담임을 맡은 선생님은 그동안의 담임과는 달랐다. 새 학기 첫날, 선생님은 말썽꾸러기 소년을 불러 이렇게 말했다.

"사실 나는 신경 쇠약이 있어 학생들을 지도하기가 힘들단다. 하지만 나에게는 부양해야 할 병든 어머니가 계셔서 일을 그만둘 수가 없어. 그래서 말인데, 네가 나를 좀 도와줄 수 있겠니? 네가 이 학교에서 제일 용감하고 힘이 세다고 들었다. 네가 우리 반의 질서를 잡아 주고 약한 아이들을 보살펴 준다면 내가 계속해서 아이들을 가르치는 일을 할 수 있을 거야. 만일 네가 싸움을 벌여도 그것이 약한 아이들을 보호하기 위한 거라면 나는 간섭하지 않을게. 그렇게 해 줄 수 있니?"

그 아이는 이후로 모범생이 되었고, 나중에는 훌륭한 성직자가 되었다.

칭찬은 인간의 정신에 햇빛과도 같다. 우리는 칭찬 없이 꽃필 수도, 성장할 수도 없다. 모든 사람에게는 칭찬이 필요하다. 그리고 모든 사람들에게는 칭찬할 만한 것들이 있다. 그러니 지금부터라도 다른 사람들의 좋은 점을 보려고 노력해 보는 건 어떨까?

당신도 치유될 수 있다

07 ╯ 행복으로 가는 가장 빠른 길

　칭찬은 병든 마음을 치료하는 명약이다. 칭찬은 정신을 함양시킨다. 칭찬은 약으로 치료할 수 없는 분야에까지 영향을 미친다. 칭찬은 태도를 변화시키고 자존감을 세워 주어 마음속에 있는 희망을 되살린다.

　길고 힘든 길을 통과하여 세상에 태어날 때부터 우리는 어루만지는 손길 때문에 냉혹하고 거친 세상에서 사는 것도 괜찮을 거라는 확신을 얻는다. 그때 용기를 준 것은 인간의 위로와 칭찬이었다. 그것은 지금도 마찬가지다.

　칭찬의 위력이란 주사액 때문에 인간의 정신 속에서는 놀랍고 설명할 수 없는, 아니 거의 신비에 가까운 반응이 나타난다. 칭찬은 치료의 진통제를 주사하여 상처 입은 감정의 고통을 완화시키고 외로움과 침체와 낙심에 빠진 사람들을 회복시킨다.

　태어나서 죽을 때까지 칭찬은 언제나 좋은 것이고 항상 필요한 것이고 항상 환영받는 것이다. 그리고 항상 확실한 결과를 가져오는 비결이자 치료제이다.

　칭찬은 우리가 행복하게 살 수 있는 가장 쉽고 가장 확실한 길이다. 칭찬을 잘하면 기분이 좋아지고, 마음이 편안해지고, 엔도르핀이 잘 나오고, 행복하고 건강해진다. 칭찬은 사랑의 비타민이며, 건강의 엔도르핀이다. 사람이란 늙어서도 어린애 같은 마음이 항상 있어서 누가 칭찬을 해 주면 금방 얼굴이 펴지고 엔도르핀이 분비된다.

"칭찬으로도 고칠 수 없는 습관은 어떤 것으로도 고칠 수 없다."라는 말이 있다. 이것을 '칭찬 테라피'라고 한다. 사람을 치료하는 가장 탁월한 것, 그리고 행복으로 가는 가장 빠른 지름길, 바로 칭찬이다.

08)   칭찬은 가장 좋은 영양제이다

칭찬은 고래도 춤추게 한다. 칭찬은 귀로 먹는 보약이다. 칭찬은 행복 십계명의 제1계명이다.

다른 사람이 나를 칭찬해 주면 내 마음이 얼마나 좋을까? 내가 좀 부족하고 잘못했어도 이해해 주고 덮어 주고 나의 좋은 점을 찾아 칭찬해 주면 내 마음이 얼마나 행복해질까? 얼마나 용기가 될까?

로슈코프(Loshkov, 1943~)는 러시아의 장관이다. 그는 이런 말을 했다.

"어둠을 탓하지 말고, 작은 촛불을 켜라. 남의 많은 단점을 찾아 말하는 것은 어둠을 탓하는 일이다. 그러나 남의 숨은 작은 장점을 찾아 칭찬해 주는 것은 작은 촛불을 밝혀 주는 것이다."

                당신도 치유될 수 있다

세상에서 가장 불행한 사람은 항상 남의 단점을 찾아 불평·비난하는 사람이고, 가장 행복한 사람은 항상 남의 장점을 찾아 칭찬해 주는 사람이다.

세계적인 식물학자 피터 톰킨스가 쓴 『식물의 신비』라는 책에는 이런 말이 있다.
"장미는 예쁘다는 말을 듣는 순간 또 예쁘게 피어나기 시작한다."
칭찬을 해 주면 꽃도 예쁜 꽃으로 피어난다는 것이다.

남편과 아내가 늘 서로 칭찬해 주면 아내도 남편도 행복하고 건강한 삶을 보낼 수 있다. 서로에게 좋은 남편, 좋은 아내 된다. 그러나 늘 서로에게 짜증을 내고 불평과 비난을 늘어놓는다면 아내도 남편도 병들고 불행해진다. 애정도 식고 만다.

내가 먼저 남을 칭찬해 주면 내 마음이 먼저 기뻐지고, 편안해지고, 행복해진다. 스트레스가 해소된다. 내가 예의 바른 사람, 인격 있는 사람이 되고, 지혜 있고 아량 넓은 사람이 된다.
칭찬은 아무리 해도 돈이 들지 않는다. 내게 손해가 되지 않는다. 남을 칭찬해 준다고 내가 낮아지거나 자존심이 상하는 것도 아니다. 칭찬하면 할수록 내가 더 위로 올라가고 상대방도 올라간다. 칭찬은 가장 좋은 영양제이다.

9장

용서
테라피

용서는 마음의 상처를 치유하는 해독제요, 치료제이다.

용서는 우리를 치료해 준다. 용서가 없는 곳에는 치료도 없다.

상처의 진정한 치유는 용서에서 온다.

우리가 받은 마음의 상처는

용서라는 약으로 치료되기에 용서는 치료약이다.

01 / 용서 테라피란

세상에서 제일하기 어려운 것 두 가지를 들라면, 그것은 죄를 짓지 않는 것과 내게 상처 준 사람을 용서하는 일일 것이다. 용서한다는 것은 결코 쉽지 않은 일이다.

그러나 용서하지 못하고 미움의 감정에 사로잡혀 있으면, 우리 육체에 악영향을 주어 몸과 마음과 정신과 영혼을 병들게 하고 건강을 해치며 파괴시킨다.

우리가 용서하지 못할 때, 우리는 우리 자신에게 내적으로 고통을 입히며 자신이 가장 큰 손상을 입는다. 혈압이 오르고 맥박이 뛰며, 오래되면 화병이 나서 몸져눕기도 한다. 우리의 몸을 산성화시켜 효소의 활성도를 떨어뜨리며, 각종 병원균에 대한 저항력을 감소시켜 허약한 병적 체질이 되게 한다. 신체적인 병의 70%는 마음에서 오는 병이며 용서 못함으로 인한 분노에서 오는 병들이 대부분이다.

이에 반해 우리가 서로 용서하고 용서받을 때, 관계가 회복되고 치료의 샘물이 솟아나 치유를 체험하고 회복을 경험하게 된다.

우리가 이웃을 용서하면 용서의 기쁨과 은혜가 우리를 통하여 나타나기 때문에 우리의 영·혼·육에 치료의 역사가 일어난다. 용서는 우리에게 치료를 준다. 용서가 없는 곳에는 치료도 없다. 상처의 진정한 치유는 용서에서 온다. 용서의 실천은 우리 자신과 세상을 치료하는

데 가장 중요한 기여를 한다.

우리는 우리의 건강을 위해서 남을 원망하는 감정에 머물러 있어서는 안 된다. 우리의 영적 · 정신적 · 육체적 건강을 위해서는 용서가 절대적으로 필요하다. 용서는 치료요 회복이요 테라피이다.

02) 나 자신을 위한 용서

스위스의 심리학자이자 정신과 의사인 폴 투르니에는 자신의 저서 『폴 투르니에의 치유』에서 어느 악성 빈혈 환자의 이야기를 들려준다.

악성 빈혈이 있는 한 여인이 무려 반년 동안 병원에 다니면서 치료를 받았지만 낫지 않고 점점 더 악화되었다.
"아무래도 안 되겠소. 병원에 입원해 집중적으로 얼마 동안 치료해 봅시다."
라는 의사의 제안에, 여인은 그렇게 하겠다고 약속했다. 그런데 여인은 약속한 날짜에 병원에 오지 않았다.

그로부터 일주일 후, 다시 만난 여인의 얼굴은 환했다. 다시 빈혈 검사를 했더니 빈혈도 깨끗이 없어졌다. 6개월을 치료해도 낫지 않던

당신도 치유될 수 있다

병이 깨끗이 나은 것이다.

"대체 무슨 일이 있었습니까?"

라는 의사의 물음에 여인이 환하게 웃으며 대답했다.

"제가 그동안 미워하던 사람이 있었는데, 며칠 전에 그를 찾아가서 용서했습니다."

6개월 동안 치료해도 낫지 않던 악성 빈혈이 미워하던 사람을 찾아가 용서하고 나니 단번에 치료된 것이다. 정신건강에 큰 도움을 주는 용서의 힘이다.

미국 최고의 병원 중 하나로 손꼽히는 메이요 클리닉(Mayo Clinic)에서 흥미로운 연구 결과를 내놓았다. 연구 결과에 따르면, 타인이 자신에게 잘못을 했을 때 그것을 잘 이해하지 못하고 옹졸한 마음을 갖는 것이 자신의 혈압과 심박동수를 높이는 원인이 되어 심혈관계에 큰 부담을 줄 수 있다고 한다.

반면 자신에게 잘못을 저지른 타인을 너그럽게 이해하고 용서할 경우, 마음속에 내재되어 있는 불안감과 우울감이 감소하며 자존감이 향상될 뿐 아니라 용서하지 못할 때 생기는 부정적인 신체 변화 역시 사라지는 것으로 나타났다.

우리의 마음가짐에 따라 신체 역시 즉각적인 반응을 보인다는 사실이 놀랍지 않은가? 아직 미워하고 용서하지 못한 사람이 있다면 용서해 보라. 용서는 테라피이다.

03) 용서의 치료 효과

용서가 스트레스와 정신 및 신체 건강에 미치는 영향에 대한 흥미로운 연구가 있다.

UCLA 대학의 슬라비치(Slavich) 교수는 332명의 성인 남녀에게 5주 동안 매주 1회씩 용서, 스트레스, 정신 및 신체 건강 증상에 대한 설문 검사를 시행했다.

이를 위해 '잠재적 성장 곡선 모델'이라는 통계적 방법을 이용하여 용서가 스트레스 및 정신과 신체 증상에 미치는 영향을 평가했다.

그 결과, 용서가 1만큼 증가할 때 스트레스는 0.54만큼 감소하며, 반면 스트레스가 1만큼 감소하면 정신증상도 같은 방향으로 0.52만큼 변화되었다. 즉, 5주 동안 용서가 스트레스를 유의하게 감소시키고, 이것이 정신건강 증상을 호전시키는 방향으로 연결되었음을 밝혔다.

이 연구에서는 5주 동안 참가자들의 용서와 관련한 어떠한 프로그램이나 치료적 접근을 하지 않았다. 단지 용서의 정도를 측정하기 위한 용서 관련 설문 검사만을 매주 1회씩 총 5회를 반복 시행했을 뿐이다. 그런데 5주 동안 이 용서 설문 검사를 통해 자연스럽게 스트레스 지각의 감소와 정신건강 증상의 호전을 보인 것이다.

용서가 마음의 평안을 가져오고 이것이 정신건강을 증진시킬 수 있

당신도 치유될 수 있다

다는 것은 사실 상식이라고 할 수 있다. 굳이 복잡한 연구를 하지 않더라도 알 수 있는 진리이지만, 이 연구에서는 이를 과학적으로 확실히 보여 준 것이다.

우리의 내적 상처를 치유할 수 있는 길은 용서이며, 마음의 치유의 결정적인 관건은 용서이다. 우리가 받은 마음의 상처는 용서라는 약으로 치료되기에 용서는 치료약이다. 용서는 상처받은 우리가 살아날 수 있는 능력이다.

그러므로 상처받은 마음을 치료받기 위해서 우리에게 상처를 준 사람을 용서해야 한다. 우리는 우리에게 상처를 입힌 사람을 용서해 줌으로써 원한의 굴레에서 벗어나 정서적인 면은 물론 영적인 면도 성숙해질 수 있다.

04) 용서의 힘

성경은 "서로 인자하게 하며 불쌍히 여기며 서로 용서하기를 하나님이 그리스도 안에서 너희를 용서하심과 같이 하라(엡4:32)"고 했다.

공부를 잘하는 한 법대생이 위궤양에 걸려서 위궤양으로 피를 토하고 음식도 먹지 못해 고통당하는 법대생이 있었다.

그가 거의 반죽음 상태가 되어 병원을 찾았다. 그런데 그 어떤 약도 효과가 없고 치료가 안 되자, 의사 선생님이 물었다.

"마음속에 원한을 품고 있는 것이 있습니까?"

"네, 그렇습니다."

"무슨 원한입니까?"

법대생은 힘겹게 말을 이어 나갔다.

"제가 어릴 때 우리 집은 가난해서 논이 한 마지기밖에 없었는데, 논두렁을 같이한 이웃집은 굉장한 땅 부자였습니다. 그런데 그 이웃집 노인이 자꾸 우리 논을 파먹어 들어오는 거예요. 그렇게 땅이 넓었음에도 불구하고 고작 한 마지기 있는 우리 논을 야금야금 빼앗아 가는 게 아니겠어요?

결국 우리 할아버지와 이웃집 노인이 대판 싸움이 붙었습니다. 그 노인이 우리 할아버지를 밀어 할아버지가 논두렁에서 넘어졌는데, 그만 돌멩이에 머리를 부딪쳐 뇌진탕으로 세상을 떠나셨습니다. 그럼에도 불구하고 보상 하나 받지 못했죠. 왜냐하면 그 노인은 돈이 많고 힘이 있기 때문에 자기가 밀어 놓고도 안 밀었다고 거짓말을 했거든요. 당시 저는 어린애였기 때문에 증언을 해도 받아들이지 않고 결국 사고사로 처리돼 보상도 못 받았습니다.

이것이 너무 원한이 돼서 제가 기어코 판사나 검사가 되어 이 원수를 갚겠다고 결심했습니다. 그것이 제 생애의 목적입니다. 그래서 저는 고등학교를 마치고 법대에 들어와서 지금 법률을 공부하고 있는데, 원수를 갚기 전에 제가 죽게 생겼습니다. 위궤양이 걸려서 밥도 못 먹고 이렇게 고통스러우니 어떻게 합니까?"

그러자 의사는 말했다.

"원수를 갚기 전에 당신이 먼저 죽습니다. 당신의 위궤양은 미움과 증오심으로 말미암은 병입니다. 그 이웃집 노인에 대한 미움을 내려놓고 용서하고 축복해 준다면 당신의 병은 나을 겁니다."

청년이 고개를 설레설레 흔들었다.

"너무나 고통스러워서 그렇게 할 수가 없습니다. 그것이 내가 법률을 공부하는 목적인데요?"

"당신이 법대를 졸업하기 전에 죽는다고요. 지금 보통 심한 위궤양이 아닙니다. 출혈성 위궤양인데, 이대로 있다가는 죽는단 말입니다. 제가 아무리 치료해도 효과가 없습니다. 당신 마음속에 미워하고 원한을 품은 독소가 있으니 안 되는 겁니다. 회개하고 용서하고 마음속에 사랑을 품으면 고침받을 수 있습니다."

그 청년이 의사의 말대로 용서하고 미워하는 마음을 사랑하는 마음으로 바꾸고 난 뒤에야 비로소 위궤양이 점차 나아졌다.

용서에는 힘이 있다. 심리적 치유 효과가 있어 우울과 불안을 감소시켜 주고, 개인의 자존감을 회복시켜 준다. 또한 용서는 분노의 폭발을 막아 주고, 증오심으로부터 해방시켜 준다.

또 용서에는 신체적 치유 효과가 있어 혈압을 낮추며, 개인의 심리적 건강과 안녕의 회복을 가져올 뿐 아니라, 깨진 관계를 회복시켜 준다. 용서는 강력한 치료적 체계로서 개인의 변화와 성장을 증진시키고, 창조성과 활력을 강화하며, 진정한 자유를 얻게 한다.

05) 용서 없이 미래는 없다

다른 사람과 관계를 맺다 보면 마음에 상처를 받기도 하고 증오를 가슴 깊이 담아 두고 지내기도 한다. 그렇게 원한을 키우다 보면 삶의 에너지를 탕진하기도 한다. 해묵은 원한은 미래로 나아가지 못하게 과거의 사슬에 붙잡아 둘 뿐이다. 나를 아프게 한 사람들조차 따뜻하게 감싸 안는 용서를 실천할 때, 우리는 행복하게 살아갈 수 있다.

흑인으로는 처음으로 요하네버그 세인트메리 대성당의 주교가 되고, 이후 케이프타운의 대주교가 된 데스몬드 투투(Desmond Mpilo Tutu, 1931~) 주교의 이야기이다.

그가 1984년 노벨평화상 수상자로 선정된 후 미국을 방문했다. 그가 뉴욕의 한 집회에서 한 말은 지금까지도 긴 여운을 남기고 있다.

"백인 선교사들이 처음 아프리카에 왔을 때, 그들은 성경을 가지고 있었습니다. 저희들은 땅밖에 없었지요. '기도합시다.'라는 말에 우리는 아무 생각 없이 눈을 감았습니다. 그리고 기도가 끝난 뒤 눈을 떠보니 우리 손에는 성경이 들려 있었고 선교사들이 우리 땅을 차지하고 있었습니다."

그러나 그는 진실과 화해 위원회(Truth and Reconciliation Commission)를 창립하고 평화 운동의 거물로서 지구촌에 용서와 화해의 메시지를 전하고 있다.

"대부분의 경우, 우리는 화가 나면 받은 만큼 되갚고 싶고, 그래서는 문제를 풀 수 없는 경우가 많습니다. 상대도 화가 나서 그대로 되갚으려 할 테니, 문제가 더 악화될 수밖에요. 부드러운 답변이 분노를 가라앉힙니다. 너그러움과 동정심과 부드러움과 아끼는 마음이 그 반대 것들보다 훨씬 더 강력합니다."

그는 '용서 없이는 누구에게도 미래가 없다.'는 것을 깨달은 사람이었고, 그것을 몸소 실천한 사람이었다.

한때 받은 상처가 핵심 감정이 되면, 그 감정은 그 사람을 움켜잡고 평생을 불행하게 만든다. 용서하지 못하면, 인간 영혼에 가장 강력한 독소가 되어 자신을 괴롭히고 인간관계에 불화와 갈등을 조장할 뿐이다. 용서 없이 미래는 없다.

용서가 건강에 미치는 영향

용서가 건강에 좋다는 사실을 아는가? 용서는 정신적으로 고결한 것이지만 우리 몸 건강에도 좋다는 연구 결과가 밝혀져서 흥미롭다.

미국의 캘리포니아대학교 샌디에코 캠퍼스 연구팀에서 200명의 자원자를 관찰한 결과, 용서를 하면 스트레스 반응이 낮아지고 건강에 좋다는 사실이 밝혀졌다.

먼저 연구팀은 지원자들에게 친구가 자신을 비난하던 일을 떠올리게 했다. 그리고 200명의 지원자를 두 그룹으로 나눠서 지원자 절반은 그 일이 얼마나 자신을 화나게 했는지를 떠올리게 했고, 나머지 지원자들은 너그러운 마음으로 용서를 하도록 했다.

그런 후 5분 동안 여기에 관심을 끊게 한 뒤, 앞서 기억을 다시 떠올리도록 주문했다. 이번에는 어떠한 마음을 먹으라고 따로 주문하지 않았다. 그 대신 연구팀은 지원자들의 혈압과 심장 박동 수치를 측정했다.

그 일이 얼마나 자신을 화나게 했는지를 떠올린 그룹은 너그러운 마음으로 용서를 하도록 요구했던 그룹에 비해서 혈압이 더 높고 빨리 올라갔다. 화난 일을 처음 생각한 직후는 물론, 마음을 가라앉히는 시간을 가진 다음에도 그랬다.

당신도 치유될 수 있다

이 연구를 통해서 브리타 라르센 박사는 용서하는 마음을 가지는 것은 스트레스성 사건에 다른 인체의 반응을 줄여 주고 지속적인 방어력을 가지게 해 준다고 밝혔다.

이처럼 용서의 힘은 건강에도 미칠 정도로 대단하다. 용서하지 않으면 스트레스를 받지만, 용서하게 되면 마음의 평안을 가지게 된다는 점을 명심하자.

07 웃을 수 있는 힘

은퇴한 심장외과 의사인 존 포토키 박사는 결장암 4기라는 진단을 받았다.

우연한 기회에 『암을 이기고 건강을 되찾으며 평화를 얻는 놀라운 방법』이라는 제목의 책을 보게 되었다. 그는 그 책을 통해 용서의 힘을 깨닫기 시작했다.

용서를 통해 그는 웃을 수 있는 힘을 찾았다. 그의 마음에서 일어난 변화는 그의 삶을 극적으로 바꿔 놓았다. 투병 중에 그는 용서를 통해 병과 싸울 수 있는 큰 힘과 새로운 기쁨을 찾을 수 있었던 것이다.

용서하지 못하는 마음은 우리를 힘들게 한 사람에 대하여 증오와 분노를 품게 만든다. 그런 강렬한 부정적인 감정들은 우리의 정서뿐 아니라 신체에도 영향을 미친다.

이런 정서들을 지속적으로 품고 있는 것은 우리 몸을 고도의 불안 상태로 유지되게 만들고, 이것은 아드레날린과 코티졸 같은 호르몬을 분비시킨다.

이런 스트레스 호르몬이 지속적으로 높은 수준을 유지할 경우, 심장 질환을 포함하여 수면 장애, 소화 장애, 우울증 등 여러 건강 문제가 발생할 수 있다.

또한 이런 문제들은 면역 체계를 약화시킬 수 있고 암세포에 대항해서 싸우는 자연 살해 세포들의 생성을 둔화시킬 수 있다.

미국 플로리다 병원과 스탠퍼드 의과대학교의 공동 작업을 통해 분노와 용서가 건강에 미치는 영향을 과학적으로 분석했다. 이 연구를 통해 8주간 용서를 배우고 실천한 사람들이 용서를 통해 분노와 적대감을 줄임으로써 고혈압을 낮출 수 있다는 것을 입증했다.

용서하지 못하면 자신의 육체와 인격을 파괴할 뿐 아니라, 신체적 건강 또한 해치게 된다. 용서하지 못한 마음은 상처를 만들어 내고 분노와 적개심, 복수심을 증가시키니, 가장 피해를 보는 사람은 용서하지 못하는 당사자라고 할 수 있다.

당신도 치유될 수 있다

08) 용서하는 마음

배리 박사는 다음과 같이 말한다.

"용서하지 않는 마음이 암의 원인이라는 이야기를 하는 것이 아닙니다. 당연히 용서가 암을 치유한다고 말하는 것도 아닙니다. 우리는 그저 정신적인 스트레스가 암의 발생과 전이를 더 쉽게 만든다고 하는 국립보건원이 발표한 확실한 임상 결과를 다시 한 번 말할 뿐입니다."

이는 배리 박사뿐 아니라 많은 전문가들과 암 환자들을 치료하는 의사들이 암 치료가 수술과 화학 요법만이 아닌 정서적인 상처의 치유까지 포괄해야 한다고 믿는 이유이다.

그런데 용서라는 것이 그저 "누구누구를 용서한다."고 말하는 것으로 끝나는 간단한 문제는 아니다. 또한 암 환자들에게 격려를 하겠다고 단순히 "긍정적인 마음, 행복한 마음을 가지세요."라고 말하는 것은 비현실적일 뿐 아니라 그들을 제대로 이해하지 못하는 태도일 수 있다. 용서하는 마음은 생각보다 가지기 쉽지 않다.

심리학자인 라마니 듀바슬라 박사는 다음과 같이 말한다.

"암은 두려움을 주고 다른 여러 강렬한 감정들을 불러일으킵니다. 환자들은 제각각 다른 단계를 거칩니다. 단순히 스케줄을 따라 용서하라고 권하거나 분노나 또는 마음에서 일어나는 그와 관련된 변화들을 내려놓으라고 하는 것은 오히려 역효과가 날 수 있습니다. 그것은 환자들에게 죄책감, 심한 무기력감, 좌절 등을 남길 수 있습니다."

진정한 용서는 강요될 수 없으며, 개개인은 각각 자신만의 진행 과정을 겪는다. 하지만 용서하면 마음이 편해지고 정신건강에 매우 좋다. 용서하면 증오심이 사라지고 인간관계가 회복된다. 용서하면 불안감이 사라지고 우울감도 사라진다. 당연히 몸도 건강해진다. 결국 용서는 타인을 위해서 하는 것이 아니라 나 자신을 위해서 하는 것임을 잊지 말길 바란다.

당신도 치유될 수 있다

10장

포옹
테라피

가족 치료의 선구자 버지니아 사티어는

"험악한 세상 살아남기 위해서는 하루 4번의 포옹이 필요하고,

앞으로 살아가기 위해서는 하루 8번의 포옹이 필요하고,

건강한 인격으로 성숙하기 위해서는

하루 12번의 포옹이 필요하다."고 했다.

백 마디 말보다 한 번의 포옹이 더 효과적이다.

01 포옹 테라피란

　요즘은 우리 사회에서 성추행 사건이 자주 발생하여 사회 문제가 되기 때문에 포옹 운동은 참 조심스럽지만, 그러나 포옹 운동이야말로 사랑이 메마른 이 시대에 꼭 필요한 운동이다.

　아프리카 초원의 톰슨가젤은 새끼를 낳으면 계속 핥아 준다. 이는 냄새를 없애 치타나 하이에나 등 맹수로부터 새끼를 보호하기 위한 행동이라고 한다. 원숭이는 서로 털을 헤치며 이를 잡아 주는데, 사랑의 표현이라고 한다.
　꽃이 종족을 보존할 수 있는 것도 꿀벌의 스킨십 덕분이다. 동물이나 식물이나 서로 접촉 없이 생존할 수 있는 것은 아무것도 없다. 하물며 인간은 어떻겠는가?

　인간은 어렸을 때 엄마의 극진한 스킨십을 받고 자란다. 씻겨 주고, 닦아 주고, 입을 맞춰 주는 유아기의 황홀한 추억이 평생을 간다고 한다.
　조금 더 나이가 먹어 초등학교에 가면 친구끼리 어깨동무를 하고 다닌다. 또 성인이 되면 연인에게 포옹하고 스킨십을 즐기며 사랑을 표현한다.

　그중에서도 포옹은 아주 중요한 스킨십이다. 사랑하는 사람 사이에서뿐만 아니라 모르는 사람끼리도 할 수 있는 게 바로 포옹이다. 너무 반가울 때도 하고, 위기에서 벗어났을 때도 포옹을 한다.

죽이 가는 사람에게 위로를 할 때도, 메달을 따서 의기양양한 사람에게 축하하기 위해서도 포옹을 한다. 정신적으로 위기에 처한 사람에게 포옹은 큰 효과를 나타낸다. 일명 '허그 테라피'인 것이다.

행복을 위해서, 성공을 위해서, 사랑을 위해서, 포옹 운동이 필요하다. 서로서로 안아 주면 백 마디 말보다 한 번의 포옹이 더 효과가 있다. 포옹은 편안하고 행복하게 만들어 준다.

02)   사랑의 스킨십

포옹은 참으로 신기한 약이다. 포옹에는 기분을 좋게 하는 따스함이 있다. 포옹은 서로의 심장 박동 전이로 외로움을 해소시킨다. 더불어 포옹을 통해 혼자가 아님을 본능적으로 인식하기에 불안감과 두려움을 이기게 한다.

포옹은 사랑하는 마음을 생기게 하여 다른 사람도 사랑하고 포용하는 너그러움이 생기게 한다. 포옹은 오랫동안 그 따스함에 일렁이는 마음을 생기게 해 다음의 사랑을 위한 발판이 되기도 한다.

                         당신도 치유될 수 있다

포옹은 긴장을 이완시켜 준다. 평온함은 느긋함을 동반하여 불편한 심기를 가라앉혀 불면증을 없애는 효능이 있다. 또 포옹은 스트레스와 욕구 불만인 사람들에게 안정감과 소화 촉진을 돕는 효과가 있다.

포옹은 혼자라는 생각을 가라앉히고 세상 사람들과 공존한다는 생각을 심어 준다. 포옹은 추위를 덜어 주며 동질감과 친밀감의 협동심을 유발한다. 그래서 포옹을 하면 힘든 일이 닥치더라도 두려워하거나 겁을 먹지 않게 된다.

포옹은 키 작은 사람에겐 스트레칭의 효과와 키 큰 사람들에게는 허리 굽히기 운동을 가능케 한다. 포옹은 자연을 파괴하지 않는 환경 친화적인 아름다운 행위이다.

노인병 전문병원을 대상으로 한 조사 결과에 의하면, 노인 환자들에게 매일 정기적으로 포옹을 해 주면 기억력에 도움을 준다고 한다.

지금 누군가 우리의 포옹을 필요로 하고 있다. 우리의 손과 목소리에는 치유의 능력이 숨겨져 있다. 하나님은 우리를 도구로 사용해 많은 사람들에게 사랑과 치유를 선물해 주고자 하신다.
우리에게 두 손과 두 팔을 주신 것은 상처받고 괴로워하는 이들을 안아 주라고 주신 것이다. 사랑의 마음으로 안아 주기만 해도 치유의 역사가 일어나는데, 이것이 필자가 강의하는 '허그 테라피'이다.

03 / 면역력을 높이는 포옹

필자는 스킨십을 좋아하여 늘 아내의 손을 잡고 다니고, 하루 종일 헤어졌다 만나면 어김없이 포옹과 뽀뽀를 해 준다. 잠을 잘 때도 팔다리를 만져 주거나 손을 잡고 잠을 자기도 하고, 평지를 운전할 때면 한 손을 잡고 운전할 때도 있다.

그런 아내는 정말 건강하며, 결혼 후 37년 동안 병원을 모르고 산다. 왜냐하면 스킨십을 통해 면역력이 높아지며 마음이 평안하고 안정되기 때문이다.

최근 영국학자들의 연구에 의하면, 사랑의 감정을 많이 경험한 사람일수록 면역력이 높아 감기에 잘 걸리지 않는다고 한다. 미국에서도 신체적 접촉이 스트레스를 완화시키고 혈압과 맥박을 정상화시킨다는 사실이 실험으로 입증된 후, 반려동물 붐이 일어났다.

미국 캘리포니아에서 정신건강 상담원으로 활약하는 캐들린 키팅 간호사는 "포옹은 마음의 병을 치료하는 지름길이다."라고 말한다. 이에 포옹 요법을 개발하여 고통·근심·절망 가운데 있는 상처받은 사람을 치료해 주고 환자의 생존 의지를 북돋워 주고 있다. 이러한 포옹 요법은 미국의 대형종합병원에서 간호사 훈련 과정에 포함될 정도로 의학적인 효과를 인정받고 있다.

그녀는 포옹이 기분 전환에 좋고 외로움을 없애 주며 두려움을 이기

당신도 치유될 수 있다

게 해 준다고 말한다. 포옹은 자부심을 갖게 하고 이웃을 사랑하게 해 주며 젊음을 되찾아 준다. 또한 긴장을 풀어 주고 불면증을 없애 주며 근육을 튼튼하게 해 준다. 그뿐만 아니라 욕구 불만으로 많이 먹어 뚱뚱한 사람에게 식욕을 줄여 주고 알코올 및 약물 중독자에게 안전한 즐거움을 선사한다.

특히 맞벌이 부부가 많아지고 있는 요즈음, 엄마의 품을 떠나 어린이집에서 자란 아이들의 애정결핍증은 심각하다고 할 수 있다. 이러한 애정결핍을 치료하는 유일한 비결은 시간 나는 대로 아이를 따뜻하게 안아 주는 일이다.

물론 안아 주는 일은 꼭 치료 요법으로만 써야 되는 것은 아니다. 사랑하는 사람끼리 건강과 행복을 증진시키는 방법으로도 얼마든지 활용될 수 있다. 포옹은 면역력을 높여 준다. 그러므로 포옹이 곧 건강과 행복의 비결이다.

04   캥거루 케어란

나는 아내에게만 스킨십을 하는 것이 아니라 우리 아이들에게도 포옹과 스킨십을 자주 한다. 어릴 때야 당연하겠지만 지금은 큰딸과 작은딸이 직장인이다. 그럼에도 불구하고 출퇴근할 때면 아빠와 포옹을 한다. 그런 딸들은 건강하고, 직장 생활과 교회 생활 등 사회적 대인 관계를 원만하게 잘하고 있다.

포옹에는 놀라운 능력이 담겨 있다. 어린아이에게 포옹, 미사지 등 신체 접촉을 하면 호흡, 심장 박동, 혈당 등 사람의 의지로 제어할 수 없는 자율신경계가 안정된다는 보고가 있다.

2011년 8월 19일 MBC 스페셜에서 다룬 〈캥거루 케어, 엄마 품의 기적〉에서 엄마의 포옹이 미숙아에게 주는 놀라운 안정과 실제 치료의 효과를 잘 보여 주었다. 인큐베이터 안에서 기계들에게 의존할 수밖에 없는 이른둥이 아가들이 엄마 품에 안겨서 숙면을 취하고 안정을 찾아가는 과정은 믿기 어려운 놀라움 자체였다.

캥거루 케어란 1983년 콜롬비아 보고타에서 인큐베이터의 부족을 대신할 방법으로 시행한 미숙아 케어법으로, 현재 미국이나 유럽 등 선진국에서 사용되고 있다. 새끼를 주머니에서 키우는 캥거루와 비슷하다는 뜻에서 붙여진 이름으로, 아기의 맨살과 엄마의 맨살을 최대한 많이 최대한 오래 밀착시켜 아기의 정서 안정과 발달을 돕는 케어 방법이다.

실제로 얼굴이나 다리 등 외적으로 보이는 아토피 환자들처럼 타인의 시선을 꺼리고 스트레스와 우울증에 빠지기 쉬운 환자에게도 포옹은 큰 효과가 있다.

당신도 치유될 수 있다

살을 맞대고 체온을 느끼는 과정에서 굳게 닫힌 마음이 활짝 문을 열게 되어 병으로 인한 마음의 상처와 스트레스가 해소되기 때문이다. 포옹은 상대방을 마음으로 이해하고 너그럽게 안아 주는 과정이기에 마음에서 마음으로 전달되는 안정적인 정서가 사람의 내면을 치유해 주는 것이다.

모든 병의 근원은 마음에서 온다. 안아 주는 것은 아마 언어 외에 사랑하는 감정을 가장 잘 전달할 수 있는 표현이 아닐까 싶다.

사랑하는 자녀들을 캥거루처럼 가슴에 자주 안아 주자. 정서적으로 안정되며 행복하고 건강하게 성장할 것이다. 사랑하는 연인과 가족들을 자주 안아 주자. 친밀감을 높여 주며 유대감을 강화시켜 줄 것이다. 포옹은 건강과 행복의 비결이다.

05 ⌒ 포옹의 치유 능력

끊임없이 포옹하고 손을 잡으라. 사랑의 스킨십은 만병을 치료한다. 나는 법무부 및 국방부 교정위원으로 교정기관에서 인성교육을 담당하고 있는데, 수감자들을 위해 인성교육을 한 후 문밖에 서서 일일이 악수하고 포옹하며 격려해 준다. 강의를 통해 내가 전하고자 하는 천국복음과 행복 메시지를 전달하고 포옹을 통해 따뜻한 사랑과 마음을 전달하는 것이다.

내 강의는 테라피 강의로서 상처받은 마음, 증오의 마음, 불안하고 초조한 마음을 웃음과 감사와 사랑과 나눔과 긍정과 칭찬을 통해 치유하고 포옹을 통해 회복하는 것이다. 그래서 강의 수제 중에 '허그 테라피'라는 강의가 있다.

BBC에서는 포옹이 심장병 예방에 효능이 있는데, 그중에서도 남성보다는 여성에게 건강적인 측면에서 더 좋다는 연구 결과가 나왔다고 보도했다. 38쌍 남녀가 포옹한 후의 상태를 조사한 결과, 긴밀한 유대감을 느끼게 해 주는 호르몬인 옥시토신의 분비가 늘어나고 혈압도 낮아져 심장병 발발 가능성이 감소했다는 것이다.

미국 노스캐롤라이나대학 연구팀은 별도의 방에서 남녀의 혈압, 옥시토신 그리고 스트레스 호르몬 코티솔을 측정한 후 각 커플이 만나 특별히 행복했던 시절을 이야기하도록 했다. 또 10분가량 대화를 한 후 사랑에 관련된 영화를 5분간 보게 했으며 마지막으로 20초간 포옹하도록 했다.

연구팀은 포옹을 한 후 남녀 모두에게서 옥시토신 분비가 증가한 것을 확인했으며, 애정의 정도에 따라 호르몬 분비량이 다르다는 것도 발견했다. 이와 함께 포옹을 한 후 모든 여성들에게서 혈압이 낮아지는 것과 코티솔의 분비가 줄어든 것을 확인했다.

이렇듯 포옹에는 치유와 회복의 역사가 일어난다. 우리 서로 부부에

당신도 치유될 수 있다

게 그리고 가족에게 포옹 운동을 전개해 보자. 친구와 연인끼리 그리고 직장 동료끼리 포옹 운동을 전개해 보자. 따뜻하고 행복한 부부 생활과 행복한 가정과 행복한 사회가 될 것이다. 포옹이 바로 행복의 비결이요 건강의 비결이요 치유와 회복의 비결이다.

06)   공짜로 안아 드립니다

포옹은 육체의 질병과 상처를 치유하고 마음을 따뜻하게 해 준다. 그대가 두 팔을 벌릴 때마다 그대는 마음을 여는 것이다.

나는 부모님 두 분 다 하늘나라에 가셨다. 부모님의 추모일은 매년 11월 첫째 주 토요일인데, 온 가족이 함께 모여 1박 2일로 추모 행사를 가진다. 칠 형제가 순서대로 돌아가면서 주관하는데, 주관하는 가정에서 모든 경비와 행사 일체를 준비하고 주관하는 집안 행사이다.

목사인 내가 추모예배를 인도하는데 설교 후 돌아가면서 한 해 동안 있었던 감사한 일, 어려웠던 일, 기도 제목을 나누고 함께 기뻐하고 함께 아쉬워하며 함께 기도한다. 예배 후에는 전체가 서로 돌아가면서 포옹하며 격려한다. 이날만은 아주버님과 제수씨도 함께 포옹한다. 얼마나 형제의 우애가 돈독해지고 화기애애한 가족이 되는지, 가정 천국 그 자체이다.

가족 위기 문제의 심리적 원인으로 애정결핍을 흔히 이야기 하는데, 이는 스킨십 결핍의 또 다른 표현이라고 할 수 있다. 우리 주변의 가정을 살펴보면, 포옹이나 스킨십이 많은 집일수록 밝고 화목하고 활기가 넘쳐나서 행복해지는 것을 볼 수 있다.

호주 청년 후안만은 '공짜로 안아 드립니다(Free Hug)'라는 글이 적힌 피켓을 들고 시드니의 거리로 나섰다. 사람들은 처음엔 낯설어했지만 하나둘 그 청년을 껴안고 지나가기 시작했다.

맨 처음 그 청년을 껴안았던 사람은 외동딸이 죽은 지 꼭 1년이 된 어느 할머니였다. 할머니는 청년에게 다가가 물었다.

"정말 안아도 되나요?"

끄덕이는 청년을 조심조심 감싸 안았다. 그리고 말했다.

"정말 따뜻하군요. 이렇게 따뜻하게 누굴 안은 건 참 오랜만이에요!"

그 뒤를 이어 수많은 사람들이 그와 따뜻한 포옹을 나눴고, 그 모습을 담은 'Free Hugs'라는 제목의 동영상이 지구촌 누리꾼들에게 큰 감동을 전했다. 그 후 30여 개 나라의 사람들이 각지에서 프리 허그 캠페인을 벌였다.

우리나라는 세계 OECD 가입 37개국 중 이혼율 1위, 자살률 1위, 질병공화국이라는 불명예국가가 되었으며 오늘날은 가족해체 위기에 직면했다. 이 문제를 어떻게 해결할 것인가를 고민해야 한다.

나는 가족이 서로 안아 주기 운동을 확산시키는 것이 가족 위기 문제의 실마리를 푸는 열쇠라고 본다. 가정에서부터 포옹 운동을 전개하

당신도 치유될 수 있다

고 이 운동이 확산되어 직장이나 공동체에서 전개된다면 행복하고 따뜻하고 건강한 사회가 될 것이다.

07) 포옹 없이 살 수 없다

나는 웃음 치료와 행복 만들기로 요양원, 병원, 복지시설, 교도소 봉사를 참 많이 했다. 어르신들과 함께 웃고 어르신들을 일일이 손잡아 주고 안아 주었다. 직원분들에게도 어르신들을 안아 주는 것이 외로움을 덜어 드리는 것이라고 강조한다.

어린아이들이 포옹 없이는 살 수 없듯이 어르신들도 마찬가지로 포옹 없이는 외로워서 살 수가 없다. 어린이나 어르신들은 밥만 먹고 사는 것이 아니라 사랑을 먹고 사는데, 사랑의 구체적인 표현이 바로 포옹인 것이다.

13세기 독일의 황제 프레더릭 2세는 아이가 아무 말을 하지 못한 채 자라게 되면 어떤 언어를 구사하거나 반응을 보일지 궁금했다.

그래서 그는 여러 명의 아이에게 먹이기만 하고 유모들로 하여금 만지지도, 껴안지도, 말을 건네지도, 눈길도 주지 못하게 했다. 아이들은 결국 말을 한마디도 할 수 없었고, 말을 할 나이가 될 때쯤 대부분 사망했다.

포옹 테라피

이로써 신체 접촉이 생명 유지에 있어 매우 중요하다는 것이 분명해졌다. 정말 끔찍한 비윤리적인 실험이었다.

이 사건을 보았던 역사학자 살림 베너는 1248년 "그들은 포옹 없이 살수 없다."고 기록했을 정도였으니, 포옹은 어린 생명들의 삶과 죽음을 결정하는 것이다.

루소는 자신의 책『에밀』에서 "풀 한 포기가 자라기 위해서는 따뜻한 햇빛과 공기가 필요하듯 한 인격이 성숙하기 위해서는 칭찬과 포옹이 필요하다."고 했다.

미국 에모리 대학 연구진에 따르면, 어린 시절 잦은 신체 접촉이 성장 과정에서 스트레스를 줄여 주는 데 큰 역할을 한다고 한다. 그리고 포옹을 하면 스트레스 호르몬은, 줄지만 반대로 세로토닌 같은 기억력을 높이는 신경전달물질은 늘어난다고 한다.

실제로 한 소아청소년 정신과 전문의는 "아이가 화가 나 삐뚤어진 행동을 한다면 말로 가르치려 하지 말고 일단 안아 주라."고 조언하기도 한다.

나는 경희대학교, 성신여자대학교 평생교육원 교수로서 행복 테라피라는 주제로 강의를 하는데, 강의 후 원우들과 일일이 악수하고 가볍게 포옹해 준다. 강의를 통해 감동을 주고, 포옹을 통해 따뜻한 사랑을 전하는데 치유의 효과는 대단한 것 같다. 마음의 상처와 아픔이 치유되고 회복되었다며 고마움을 표현하는 학생들이 많다.

당신도 치유될 수 있다

당신의 포옹은 마음속 깊은 사랑과 감사와 위로를 한꺼번에 전해 줄 것이다. 그런 포옹이 가장 필요한 사람은 바로 당신의 가족이다. 자녀들을 안아 주고 아내와 남편을 안아 주고 부모님들을 안아 주고 가족을 안아 주면 행복한 가정이 될 것이다.

08 포옹의 효과

펜실베이니아주립대학교 오프 가드비 교수는 "포옹으로 신체접촉을 하면 감정이나 신체를 최고의 상태로 만들어 준다."고 했다.

포옹은 사람끼리 품에 껴안고 남을 아량으로 너그럽게 품어 주는 것이다. 그런데 사실 포옹은 남녀 간에 조심스러운 일이기도 하며 아무나 할 수 있는 것은 아니다. 열린 마음, 주님의 마음과 십자가의 사랑을 가질 때 가능한 것 같다.

미국 온라인매체 『허핑턴 포스트 건강섹션』에 게재된 포옹의 효과 6가지를 소개하고자 한다.

첫째, 포옹은 심리적인 안정감을 준다.

미국 인디애나주 드포대학의 심리학자 매트 허트스테인 박사에 따르면, 포옹을 하면 모성 행동을 촉진시키는 옥시토신이 뇌에서 분비된다고 한다. 이 호르몬은 정서적 유대감과 친밀감을 촉진시키고 심리적인 안정감을 준다. 심리적 안정감은 우울증을 예방하고 치료하는 효과도 있다.

둘째, 포옹은 혈압을 낮추고 심장에 좋다.

포옹이 미주 신경을 통해 뇌로 신호를 보내 혈압을 낮춰 준다. 그리고 포옹을 하고 있는 사람이 그렇지 않은 사람보다 심장 박동수가 안정적이라는 실험 결과가 있다.

셋째, 포옹은 공포와 두려움을 완화시킨다.

네덜란드 암스테르담 자유대학교의 샌더 쿨 연구원에 따르면, 다른 사람과 몸을 접촉하는 것은 심리적 불안, 공포증, 두려움을 완화하는 데 탁월한 작용을 한다. 곰 인형을 껴안는 것만으로도 공포심이 누그러드는 효과가 있다고 한다.

넷째, 포옹은 우울증을 감소시킨다.

미국 오하이오 주립 대학 연구진에 따르면, 나이가 들면 박탈감과 우울증이 생기는데 포옹을 하면 이를 예방할 수 있다고 한다. 포옹이 심리적 안정에 큰 효과를 주기 때문이다.

다섯째, 포옹은 스트레스를 줄인다.

포옹을 하면 스트레스 호르몬이라 불리는 코르티솔 수치가 확연히 떨어지면서 우리의 뇌에서는 안정감을 주는 물질을 보낸다. 특히 어린

　　　　　　　　　　　당신도 치유될 수 있다

이들에게 포옹을 많이 해 주라는 게 여러 의사들의 공통된 의견이다. 포옹이나 신체 접촉이 많은 어린이일수록 면역력이 높아지고, 성격이 밝고 스트레스가 적다.

여섯째, 포옹은 자녀의 정신을 건강하게 한다.

실제 의학 보고 사례에 보면, 부모와의 신체 접촉이 많은 자녀일수록 성격이 밝고 대인관계가 원만한 경우가 많다고 한다. 특히 유아기에는 포옹과 스킨십이 스트레스와 밀접한 관계가 있어 자주 안아 주는 것이 좋다. 포옹은 스트레스를 해소하고 안정감을 주어 자녀의 정신을 건강하게 만들어 준다.

이처럼 포옹의 효과는 실로 대단하다. 사랑하는 아내와 자녀를 꼭 안아 주자. 끌어안은 품 안에서 놀라운 일이 일어난다. 포옹이 곧 행복이며 기쁨이고 치유이다.

09)   키스 테라피

셰익스피어는 키스를 '사랑의 도장'이라고 표현했다. 키스는 사랑하는 연인에게는 뜨거운 열정을, 가족과 가까운 친구에게는 다정한 친밀감을 표현하는 방법이다. 키스는 테라피 관점에서 볼 때 질병의 예방

주사와 같다.

포옹이 빠진 키스는 향기 없는 꽃과 같다는 말이 있다. 연인과 나누는 달콤한 사랑의 키스는 만병통치약이라는 말을 들어 본 적이 있는가? 지금부터 과학적으로 증명된 사랑의 키스가 사람의 건강에 미치는 영향에 대하여 소개하고자 한다.

키스는 즉석 얼굴 마사지 효과를 가져온다.

가벼운 키스라도 12개의 얼굴 근육을 이용하며, 긴 키스는 29개의 근육을 이용하기 때문이다. 더불어 키스를 통해 당신의 입술, 혀, 턱 그리고 목의 근육이 움직이기 때문에 얼굴 근육의 운동 효과로 인해 당신을 더 젊어 보이게 한다.

키스는 예상 수명보다 더 수명을 길게 해 준다.

황홀한 키스는 58%의 심장 박동수를 증가시키는데, 이는 혈액순환을 더 원활히 해 주어 건강에 좋기 때문이다.

키스는 다이어트에 효과적이다.

한 번에 3칼로리가 소모되므로 한 시간 정도의 키스와 포옹은 책을 읽는 것보다 25% 이상의 칼로리를 소모한다. 특히 열정적인 키스는 한번에 12칼로리를 소모시키기 때문에 열정적인 오랜 키스를 하게 될 경우, 다이어트에도 효과가 있다.

키스는 치아를 건강하게 한다.

당신도 치유될 수 있다

미국 치과협회의 매슈매시너 박사에 의하면, 키스를 오랫동안 하면 충치를 유발하는 박테리아를 없애는 침의 성분이 만들어진다고 한다.

키스는 통증을 감소시킨다.
키스를 할 때 엔도르핀이 생성되어 뇌를 자극하는데, 특히 사랑이 담긴 키스는 소량의 모르핀 주사만큼 강하게 엔도르핀이 생성되기 때문에 통증을 감소시킨다.

키스는 스트레스를 감소시킨다.
몸속에서 스트레스를 자극하는 글루코코르티코이드라는 호르몬의 생성을 억제시킴으로써 스트레스를 해소시키는 역할을 한다. 연인끼리 키스를 할 때는 스트레스를 받을 때 분비되는 호르몬인 코르티솔을 줄여 준다는 연구 결과도 나왔다.

키스는 면역 체계를 향상시킨다.
임상심리학자 헬렌 프리드만 박사에 의하면, 키스를 자주 하는 사람들에게는 모든 종류의 감염성 박테리아에 대항할 수 있는 화학 물질이 생성된다고 한다. 키스하면 아미노산 복합물질인 뉴로펩타이드(진통제의 일종)가 혈액 속의 백혈구 생성을 활성화해 각종 병균과 바이러스로부터 보호해 준다.

키스는 좋은 호르몬을 배출시킨다.
키스를 하면 심장이 뛰고 맥박이 두 배로 빨라지며 혈압이 오르고,

이로 인해 췌장에서 인슐린이 분비되고, 부신은 아드레날린을 배출한다. 이때 배출되는 화학물질이 핏속의 백혈구 활동을 활성화시켜 발병의 기회를 차단하는 역할을 한다.

미국에서 나온 한 연구 보고서에 따르면, 분위기 있는 키스를 규칙적으로 하는 사람은 그렇지 않은 사람보다 평균 5년을 장수한다고 한다. 키스도 바로 테라피이다.

10 / 섹스 테라피

섹스란 남녀가 육체적으로 관계를 맺는 것을 말한다. 섹스는 하나님이 인간에게 내린 최고의 보약으로, 고도의 황홀한 쾌감으로 자신을 구성하는 60조 개의 모든 세포들이 함께 즐기며 나누는 행위이다.

호주에서 섹스 요법사로 일하는 게이브리엘 모리세이 박사는 "섹스가 인체의 순환계·신경계·근육계·뇌와 밀접한 연관이 있다."고 소개했다. 그는 섹스를 웰빙의 필수 조건이라며, 나이가 들수록 섹스가 중요하다고 밝혔다.

호주 일간 데일리 텔레그래프가 소개한 '섹스가 건강에 좋은 이유 10가지'를 알려 드리려 한다.

첫째, 섹스는 심장 건강에 좋다.

연구 결과 주기적으로 성관계를 가질 경우, 심장마비나 뇌졸중 발병 위험은 절반 정도 감소하는 것으로 나타났다. 성행위 시 심장 박동수가 빨라지는데, 이것이 혈액순환을 더 원활히 해 주어 심장 건강에 유익하다는 것이다.

둘째, 섹스는 스트레스에 강하다.

영국 스코틀랜드에서 실험 대상자들을 스트레스로 가득한 상황에 노출시킨 뒤 관찰한 결과, 정기적으로 성관계를 갖는 사람들이 그렇지 못한 이들보다 스트레스에 강했다.

셋째, 섹스는 엔도르핀을 증가시킨다.

섹스는 기분을 좋게 만드는 호르몬 분비와 직접적으로 연관돼 있다. 뉴욕의 섹스연구가 닥터 쥬디 쿠리안스키는 성교를 하는 동안 몸속에 엔도르핀이 증가하기 때문에 건강에 좋다고 밝혔다.

넷째, 섹스는 골다공증을 예방한다.

호주에 있는 오스트랄라시아 성의학 연구소의 대런 러셀 소장은 정기적으로 성생활을 갖는 남녀의 경우, 남성호르몬인 테스토스테론 수치가 상대적으로 높다고 말했다. 테스토스테론은 골다공증 같은 뼈 질환을 예방한다.

다섯째, 섹스는 면역력을 높인다.

미국 펜실베이니아주 소재 윌크스대학의 연구진에 따르면, 일주일에 한두 차례 성관계를 가지면 항원 침입에 반응하는 방어물질인 면역글로불린 생성이 33% 증가하는 것으로 나타났다. 신체가 감기와 같은 전염병과 싸워 이길 수 있는 가능성이 커진다는 뜻이다.

여섯째, 섹스는 전립선암의 위험을 예방한다.

뉴욕의 브룩클린다운 스테이트 메디컬 센터의 닥터 마리안 듄은 남자들에게 있어 성교후의 사정은 전립선암의 발생을 감소시켜 주며, 남자들이 나이 들어감에 따라 점점 전립선이 확대 되어 가는데 규칙적인 사정이 이를 감소시켜 준다고 밝혔다.

실제로 한 달에 21차례 사정하는 20대 남성의 경우, 한 달 5~7차례 사정하는 또래 남성보다 훗날 전립선암에 걸릴 확률이 33% 낮은 것으로 나타났다. 섹스는 남성에게 전립선암의 위험을 예방할 수 있는 효과도 있다.

일곱째, 섹스는 통증을 감소시킨다.

섹스는 두통·관절염·경련에 따른 통증을 누그러뜨리는 것으로 나타났다. 여성의 경우 효과가 더 크다. 섹스 중 분비되는 엔도르핀과 코르티코스테로이드의 진통 효과 때문이다. 성적으로 흥분을 하면 옥시토신 수치가 증가할 뿐만 아니라 이 호르몬 때문에 오르가즘에 도달하기도 한다. 이를 통해 두통과 신경통이 순간 말끔히 해소된다.

당신도 치유될 수 있다

여덟째, 섹스는 불면증에 탁월한 효과가 있다.

러셀 박사는 수면장애 환자에게 섹스를 권한다. 섹스가 숙면에 도움이 될 뿐 아니라 일반 신경안정제와 달리 중독성도 없기 때문이다.

부부 관계 횟수가 많을수록 행복감을 느끼며, 오르가즘에 도달한 다음엔 고요하고 편안한 느낌이 몰려온다고 한다. 잠을 푹 자기 위해 부부 관계를 하는 사람들도 많다. 밤에 숙면을 취했으니 낮에는 항상 활기와 생동감에 넘친다. 성 의학 전문가인 데이비드 델빈 박사는 "섹스가 불면증을 해소하는데 탁월한 효과가 있다."고 했다.

아홉째, 섹스는 다이어트에 효과적이다.

전문가들에 따르면 30분간의 활발한 섹스는 러닝머신 위를 15분 동안 달리거나 20계단 정도 오르는 효과와 맞먹는다고 한다.

열째, 섹스는 요실금을 예방한다.

모리세이 박사에 따르면, 섹스 중 요도괄약근 운동이 활발하게 이뤄진다고 한다. 따라서 섹스는 요실금 예방에 효과가 있으며, 남성의 전립선 건강에 좋다.

이와 같이 정상적인 섹스는 다양한 혜택을 주며 그 효과 또한 실로 대단하다. 지난 10년간 영국 웨일스 지방 주민들을 대상으로 조사해 본 결과, 성생활이 활발한 사람의 경우 그렇지 못한 사람보다 사망률은 50% 낮은 것으로 나타났다. 행복을 위해서뿐 아니라 정신적·육체적인 치유 면에서도 섹스의 효과는 탁월하다. 섹스도 하나의 테라피이다.

맺음말

　몽테뉴는 "쾌락도 지혜도 학문도 그리고 미덕도 건강이 없으면 그 빛을 잃어 사라지게 될 것이다."라고 했다. 그래서 고대 의사들의 아버지 히포크라테스는 "첫째도 건강, 둘째도 건강, 셋째도 건강, 건강이 제일이라."고 했다.

　아무리 훌륭한 명의라 할지라도 인간의 병을 20%밖에 못 고친다고 한다. 나머지 80%는 면역력을 통해 고쳐진다. 오사카대학 세포공학 센터에서 주로 악성 종양의 임상과 연구에 12년 종사한 다카모토 유카타 교수는 자기 치유력만으로 고칠 수 없는 10%의 진짜 병이 있고 90%는 자가 면역력으로 스스로 고칠 수 있다고 했다.

　16세기 프랑스에 암브로스 파레라고 하는 유명한 외과의사가 있었다. 그는 의사로서 한평생 많은 환자를 돌보았는데, 그때마다 그가 늘 입버릇처럼 하는 말이 있었다. 그래서 세상을 떠난 다음에 이 말을 묘비에 새겨 놓았다. 오늘도 많은 사람이 그 묘비명을 읽으면서 많은 생각을 하게 하며, 기독교 병원에서는 대부분 이 정신을 병원 이념으로 삼고 있다.

"나는 상처를 싸매어 줄 뿐이다. 상처를 고쳐 주시는 이는 하나님이시다."

그는 한평생 이 마음으로 환자를 돌아보았다.

미국의 저명한 외과 의사 민게이 박사는 늘 하는 말이 있다.

"수술은 사람이 하지만 병은 하나님이 고치신다."

물론 약도 사람이 주고 수술도 사람이 하지만, 고치는 것은 하나님께서 하신다. 그래서 수술을 집도하기 전에 꼭 기도를 한다.

스위스의 내과 의사이자 상담가인 폴 투르니에는 육적인 치료는 영적인 치료와 함께 이루어져야 온전한 치료가 되고 모든 병은 궁극적으로 하나님의 치료가 있어야 함을 발견하였다.

그래서 그는 『기도하는 의사들의 모임』을 이끌었다. 첨단 과학을 자랑하는 의사들이 모여서 먼저 하나님께 간절히 기도하고 의술 행위를 하는 것이다. 수술은 의사가 하지만 치료는 하나님이 하신다는 것이다.

모든 치료는 하나님의 영역이지, 인간의 영역이 아니다. 신불신(信不信)을 막론하고 치료는 오직 하나님만이 하신다. 다만 인간은 치료에 있어서 하나님의 동역자로 선택될 뿐이다. 기도를 통하든, 의사를 통하든, 약을 통하든 궁극적으로 병은 하나님이 고치신다.

정확히 표현하면 하나님이 우리 인체에 주신 자연 치유력을 여러 가지 수단을 통해 활성화시켜 병이 낫게 되는 것이다. 어떤 수단을 선택하든 치료의 근원은 하나님이시다. 치유는 하나님의 은혜요 선물로서 감사한 마음을 가져야 한다. 치유의 궁극적인 목적은 주께 돌아오는 것이다.

아무리 좋은 약이 있어도 쓰지 않는다면 효과가 없다. 그리고 아무리 유능한 의사가 있어도 의사의 말을 듣지 않는다면 치료받을 수 없다.

필자가 말하는 테라피도 마찬가지다. 실천하면 놀라운 치유의 효과를 체험하지만 실천하지 않으면 의미가 없다. 그리고 한두 번 했다고 치유되는 것은 아니다. 삶에 자연스럽게 적용되고 실천되어야 한다.

그래서 복음이 필요하다. 복음은 내 안에 계신 예수 그리스도이다. 내 안에 계신 그리스도께서 해 주시는 것이다. 즉, 하게 하시는 것이다.

예수님을 영접하고 주님과 한 생명 되어 한마음 되고 심령 천국 되어 자연스럽게 기뻐하고 감사하고 사랑하고 나누고 베풀며 긍정적으로 생각하고 서로 칭찬하고 용서하는 가운데 치유될 수 있다는 희망을 갖게 되고 서로 보듬어 안아 주게 되는 것이다. 여기에 치유와 회복의 역사가 일어난다. 이것이 바로 몸과 마음과 정신과 환경과 영혼이 치유되는 전인치유이다.

하나님의 나라는 아픔과 고통과 죽음이 없는 곳이다. 천국 되시는 예수님을 마음에 모시고 심령 천국 되어 사는 삶이 전인적으로 건강한 삶이다.

"주여, 사람이 사는 것이 이에 있고 내 심령의 생명도 온전히 거기에 있사오니 원하건대 나를 치료하시고 살려 주옵소서."

(사38:16)

"나는 너희를 치료하는 여호와임이라. 곧 여호와 라파 치료의 하나님이다."

(출15:26)

이제 필자와 함께 전인적인 치유를 위한 건강 여행을 마쳤다. 나도 치유될 수 있다는 확신이 드는가? 치유되고 있다는 확신이 드는가?
테라피, 당신도 치유될 수 있다.